ЛЕКСИКА КИТАЙСКОГО ЯЗЫКА
Базовый учебник

汉语词汇教程

[俄]谢苗纳斯◎著　　王丽媛　付丽◎译

华中科技大学出版社
http://press.hust.edu.cn
中国·武汉

图书在版编目(CIP)数据

汉语词汇教程/(俄罗斯)谢苗纳斯著;王丽媛,付丽译. —武汉:华中科技大学出版社,2022.12
ISBN 978-7-5680-8904-3

Ⅰ.①汉… Ⅱ.①谢… ②王… ③付… Ⅲ.①汉语-词汇-教材 Ⅳ.①H13

中国版本图书馆 CIP 数据核字(2022)第 254120 号
湖北省版权局著作权合同登记　图字:17-2019-260 号

汉语词汇教程
Hanyu Cihui Jiaocheng

[俄]谢苗纳斯　著
王丽媛　付　丽　译

策划编辑:张　毅
责任编辑:张　毅
封面设计:廖亚萍
责任监印:朱　玢

出版发行:华中科技大学出版社(中国•武汉)　电话:(027)81321913
　　　　　武汉市东湖新技术开发区华工科技园　邮编:430223
录　　排:华中科技大学惠友文印中心
印　　刷:武汉市洪林印务有限公司
开　　本:710mm×1000mm　1/16
印　　张:10.75
字　　数:200 千字
版　　次:2022 年 12 月第 1 版第 1 次印刷
定　　价:69.00 元

本书若有印装质量问题,请向出版社营销中心调换
全国免费服务热线:400-6679-118　竭诚为您服务
版权所有　侵权必究

序

语言形式各有不同。有人说复杂的语言,语言人的语言掌握和运用能力就比较强。如果他对语言进行研究,就有明显的优势,比起母语形式相对单纯的学者就有明显的优势。有人据此认为有清一代,精研古音的大师,南方居多,而北方的学者就比较少,原因就在于此。北方的个别古音学家,于古代的入声百思不能得其解。对于这些说法我是将信将疑,疑莫能定。不过据说,印欧语系诸语言,以形态变化来看,总体趋势是古代比现代复杂。现代印欧语言,最简单的当数英语。英美学者说,在形态类型上,英语从综合型演变为分析型,并伴随融合度的降低。词序类型上,主语——动词——宾语词序实际上被确立为唯一的次序。在这两个方面,很难想象有两种语言之间的差别会比古代英语和近代英语的差别还大(科姆里《语言共性和语言类型》)。形态复杂的印欧语系,斯拉夫可作为代表。这么说来,俄语是比较复杂的语言。照有些学者的说法,讲俄语的人,语言应该更加敏感。

不知道上面的这些有没有道理。不过苏联的语言学确实有许多可圈可点的地方。管见所及,苏联在超大语系的探索、汉学各领域的耕耘、中国北方民族语言的研究等诸多领域,都有不俗的表现。二十世纪五十年代,由于特殊的关系,苏联的语言学引入国内,以龙果夫为代表的汉学家,对中国的语言学产生过很大的影响。词汇学方面,五十年代的基本词大论战,跟这个大背景密不可分,对汉语词汇学的探索产生了不可估量的影响。友谊的小船可以翻,专家可以撤走,设备可以停运,但词汇学的影响却渗透进到中国语言学界,不只是仅限于汉语,对国内其他民族语言的词汇研究也有巨大影响。五十年代,汉语词汇研究盛极一时,出版了一批高水平的汉语词汇学论著。改革开放以后,苏联的语言学研究,包括词汇学又有一波波的引进。雅洪托夫、斯塔罗斯金是改革开放后国内熟知的汉学家。七八十年代,苏联的国俗语言学介绍进来,掀起了不小的研究热潮。我当时也想凑热闹,还为此作了一些资料的准备。可惜好景不长,响应国俗语言学这个跟词汇学紧密研究的人并不多,没有形成气候。

引进国外语言学,最基础的工作就是译介,翻译原文,供国内学人参考。在俄国汉学界,以汉语词汇为专业的有谢苗纳斯,她的代表作有《现代汉语词汇学》和《汉语词汇教程》。《汉语词汇教程》是一本教材,一本颇有特色的教材。作者先后在赤塔师范学院、赤塔工业大学和乌苏里师范学院等高等院校教授汉语词汇学,亲自编写讲义,在讲义的基础上形成这本专著。

《汉语词汇教程》新近由王丽媛、付丽二位译成中文,在下得以先睹为快,诚为快事。《汉语词汇教程》依据东方研究所第三版,可见这本教程是经过反复打磨的。全书由三个部分构成。第一部分有三章,主要是理论背景的介绍,在此基础上考察了词汇的特征、词汇单位及词汇研究的基本方法。第二部分是全书的主体部分,由十一章组成,主要介绍汉语的构词特点、构词类型、词汇构成的本质,以及汉语构词的基本方法(附加词缀法、缩略词),同时介绍了同义词、反义词、多义现象,讨论了汉语同音异义词和外来词。第三部分包括两章,介绍了新词的构词法,勾勒了现代汉语词汇发展的主要趋势。

这本书主要讨论现代汉语词汇,对汉语文献涉及无多。值得注意的是,网络出现后,相关词语产生,书中也有涉及。

这是一本教材。教材不同于专著,系统而全面,便于全面把握。书中的内容,即便是教材的练习内容,中文读者亦可读出学术的内容。每一章节前面有学习目标、学习提纲,后面附缀有检测题、练习题。这些内容原本是给俄国学生学习汉语词汇准备的。译文全部保留下来了,看来也是必要的。我们在阅读这些内容时,也可以合上书本稍微想一想:我们今后如何来面对这些课题,如何更好地解答这些看似简单的问题。中国学者在编写汉语词汇教程时,如果要设计习题,设定学习目标,一定不会跟这本书一样。也就是说,俄国学者眼中的汉语词汇,跟中国学者眼中的汉语词汇,会有不少的差异。善读者当心知其意。

我学习汉语词汇有年,兴趣也杂,涉猎虽多,惜心得全无。很多问题都没有认真思索,对汉语历史词汇兴趣更大一些,然而也是浅尝辄止,是以一知半解,挂一漏万。对于俄国学者的研究,知道的就更少。读了王、付二位的译稿,收获良多。承蒙王丽媛女士不弃,得以通读译文,聊赘数言,权作贺语,并期盼译稿早日公诸学界。

俄国汉学涉及的面很广,诸如经典解读、汉语古音研究,以及汉语跟高加索诸语言的发生学关系,俄国学者均有研究。希望今后有更多的成果介绍到国内来。

黄树先
2022年10月25日,于北京寓所

内容简介

一、谢苗纳斯简介

1. 生平及学术成就

谢苗纳斯(Семенас Алла Леоновна,1937—2007),1937 年出生于乌里扬诺夫斯克。语言学副博士,东方研究所的研究员,汉语研究专家。1961 年毕业于北京大学中文系,1985—1986 年在北京大学见习,1973 年获语言学副博士学位,学位论文为《Копулятивный тип связи в лексике David современого китайского языка》,1993 年以专著获语言学博士,1961—2005 年在俄罗斯科学院东方学研究所任研究员。多年来一直从事汉语词汇的研究并参与了《大俄汉词典》的编纂工作。她的著作涉及汉语词汇、构词法、汉语历史的不同方面,发表论著一百余篇(部)。

2. 主要著作

(1) Копулятивный тип связи в лексике китайского языка//Восточные языки. М.,1971. С. 140-151.

(2) Лексическая и словообразовательная антонимия в китайском языке//Исследования по восточным языкам. М.,1973. С. 192-201.

(3) О варьировании китайских копулятивных слов//Сборник статей по восточной языкознанию. М.,1973. С. 102-114.

(4) О синтагматической семантике сложения в китайскомязыке//Исследования по китайскому языку. М.,1973. С. 63-78.

(5) О《Китайской грамматике》Иакинфа (Н. Я. Бичурина)//Н. Я. Бичурии и его вклад в русское востоковедение. М.,1977. С. 67-74.

(6) П. И. Кафаров как лексикограф//П. И. Кафаров и его вклад в отечественное востоковедение. Ч. 1. М.,1979. С. 186-192.

(7) Языки Юго-Восточной Азии и Дальнего Востока:(Проблема сложных слов). М.,1985.—Формальные особенности сложения в китайском языке. С. 83-100;Семантические особенности сложения в китайском языке. С. 100-110.

（8）О современном состоянии китайской лексикологии//Теория языка и словари. Кишинев,1988. С. 133-137.

（9）Лексикология современного китайского языка/РАН Институт востоковедения. М,:Наука,1992. 279с. (Защищённая как докторская диссертация.)

（10）Лексика китайского языка. М. ,2000,314с. То же:М. ,2005. 312с.

（11）Новые слова в китайской лексике//Восточное языкознание. К 80-летию Ю. А. Рубинчика,М,:Восточная литература,2003. С. 266-276.

3. 成果介绍

Лексикология современного китайского языка/РАН Институт востоковедения. М,:Наука,1992. 279с.

《现代汉语词汇学》这部著作的俄文版书末尾给出了概要,我们大致摘抄如下：

《现代汉语词汇学》是根据汉语词汇的语义结构、词汇单位的表达及其相互关系、结构类型等角度进行考察的,着重介绍词汇的发展变化和丰富新词汇的方法,特别是构词法及词汇发展的趋势,对中国应用词汇学的分支之一的中国词典学的问题也有阐释。

这本书主要是根据汉语资料,通过体现在某些语义场中的例子和语义结构分析的例子来阐明词汇系统的概念。这本书共四章,每一章内容如下。

第一章对词汇单位及其语义和形态进行定义。汉语词汇单位具有自己的特点,从而使它们区别于俄语、英语和其他语言的词汇单位。为了弄清这些特点,本书特别注意词汇学分析的初始词汇单位。这个单位词汇通常是从个别汉字记录下来并且与音节直接对应。可以把这种词汇单位称为初始词汇单位,因为它不但能独立地用在句子里,而且能作为语言材料来构成复合词。

第二章根据由同义、反义和上下义位关系联系起来的诸词汇单位的材料揭示词汇语义方面的聚合关系,由基本类型内部又区分出更具体的相互关系的子类型。用语义场来阐明汉语词汇学的结构,特别是采用语义相关的聚合关系理论和义素分析法,把语义场关系和多义词各个义项之间内在关系的基本规律性展示出来。

第三章不仅从形式方面,而且从内容方面考察词汇组合的语义组合关系,提供一些汉语词汇的统计资料。这些资料给我们介绍普遍性词汇组合和各种不同音节结构单位的观点,并且指出了构成成分和这类语法属性的基本构词法。在叙述语义结构时主要注意揭示各种构成成分之间的语义组合关系。在这本书中列出在研究过程中所发现的52种语义关系,这些语义关系取决于构成成分的顺序和组合方式。值得注意的是,在词组中不可能遇到的那种关系在汉语的语义复合时有可能出现,揭示出这类关系使我们有可能把某些组合归结为复合词。如"吞没式"的语义关系只出现在某种类型的复合词中,这些类型有偏正式、联合式和动宾式。在这一章中某些词素语义单位的关系也得到阐述,这种阐述以组合关系为基础。

第四章主要讲汉语辞书的类型和汉语词典的民族特殊性。这一章所考察的是对汉语词典学、汉语词汇学来说有争议的一些问题,也就是词典选词的收录问题。词汇系统性的问题对于词典学理论具有重要意义,也符合表达概念所必要的词的要求。这些和其他应用方面的问题可以丰富词汇学理论,促进其发展。

谢苗纳斯的《现代汉语词汇学》(1992)和格列罗夫的《汉语词汇学》(1984)是20世纪俄罗斯汉学界汉语词汇研究领域中的两部标志性的学术成果。谢苗纳斯的《现代汉语词汇学》更被认为是"世界罕见的带有新鲜的学术空气的汉语词汇学专著"。国内的一些学者对这本书中的某些章节翻译介绍过,可以参看这些学者的详细介绍。

二、俄罗斯汉语词汇学的研究概况

俄罗斯的汉学研究早在17世纪初就已经开始,至今已走过三四百年的历程。俄罗斯的汉学经历了帝俄、苏联及当代俄罗斯三个历史时期,经过近200年的发展演变,到19世纪上半叶,俄国成为欧洲汉学研究最重要的中心之一。

圣彼得堡、莫斯科和远东地区是俄罗斯三个主要的汉学研究基地,在此基础上培养了一大批汉学研究人才,构建了完善的研究体系,形成了独具特色的研究传统,并留存有丰厚的研究成果,使俄罗斯汉学研究自成一派。俄罗斯汉学研究地位的确立来源于俄罗斯将词汇学作为一门独立的学科,打破了在欧洲语言学历史的发展进程中,把语法研究作为开始的传统。

俄罗斯汉学在发展的过程中逐渐呈现出多元化的趋势,特别是对中国历史、哲学、文学、美学、政治、经济、俄中关系、社会传统等领域的研究逐渐深入,打破了传统汉学研究格局。"在确立词汇学在语言学的地位方面,苏联的语言学家起了开先河的作用"(《苏联解体之后的俄罗斯中国学研究》,朱达秋、江宏伟、华莉著,黑龙江大学出版社,2013年版),这种研究方向得到了学界的认同。俄罗斯的汉学家在世界汉学史上占有很高的地位,其中20世纪俄罗斯词汇学这一研究领域中,汉学家谢苗纳斯的词汇学成果具有一定的典型性和研究价值。

20世纪50年代以来,俄罗斯汉语词汇学代表性的研究成果有:康拉德的《论汉语》(1952),宋采夫的《汉语中的词和词根问题》(1953)及《汉语中的词类问题》(1956),齐金的《汉语构词体系中的半附加成分的研究》(1979),哈马托娃的《现代汉语词汇发展趋势问题》(1995),格列罗夫的《汉语词汇学》(1984),谢苗纳斯的《现代汉语词汇学》(1992)。有关熟语、歇后语的相关研究成果也比较丰富,如托罗波夫的《成语及其特点》(1965),斯图洛夫的《成语的分类和句法功能》(1964),巴拉诺娃的《平行结构的汉语熟语》《成语的变体和同义现象》和《汉语中的成型熟语》等论文,普里亚多欣1977年出版的专著《汉语歇后语》,1992年哈马托娃的《惯用语是现代汉语熟语中的一种》和沃伊采霍维奇的《汉语惯用语的变体和同义现象》等论著。

同时期对方言也有了进一步的研究,俄罗斯第一本汉语方言的研究著作于1932年面世,随后在1966—1967年雅洪托夫发表了《汉语方言分类》,1985年索夫罗诺夫、阿斯特拉罕、扎维亚洛娃集体研究的专著《中国方言和民族语言》出版,扎维亚洛娃于1996年出版了《汉语方言》一书,2007年出版了《中国回族语言和文字传统》。1987年分别出版了阿列克萨欣和扬基韦尔的客家话和广东话研究成果。这些研究成果涉及了词汇研究的各个方面。

其中格列罗夫和谢苗纳斯的两本著作是20世纪俄罗斯汉学界汉语词汇研究领域中的两部标志性学术成果。谢苗纳斯的《现代汉语词汇学》被认为是"世界罕见的带有新鲜的学术空气的汉语词汇学专著"。

谢苗纳斯在《现代汉语词汇学》之后,又出版了《汉语词汇教程》这部词汇学著作。这部著作是在《现代汉语词汇学》研究之上的又一部力作,该著作在俄罗斯语词汇研究史上占有重要地位,它的出版给俄罗斯汉语词汇学研究注入了新的活力。谢苗纳斯认为词汇是汉语研究最重要的一部分,从俄罗斯当时汉语研究情况来看,在这一领域还缺乏深入细致的思考,全面研究汉语词汇的专著更是凤毛麟角,该著作的出版也开辟了俄罗斯汉语词汇学研究的新方向。谢苗纳斯《现代汉语词汇学》和《汉语词汇教程》这两部著作的出版给俄罗斯汉语词汇学研究及汉语教学带来了深远的影响。

三、《汉语词汇教程》的特色

《汉语词汇教程》旨在为汉语学习者梳理汉语词汇系统,是作者在教学过程中结合学生实际为其量身打造的汉语词汇教科书。教程编写特色:第一,提供清晰明了的学习提纲,辅助学生关注学习重点和难点;第二,厘清词汇学相关概念,结合大量的例证进行汉语词汇结构和语义特征分析;第三,将汉语词汇自身的结构语义特征及产生原因与俄语进行对比分析,立足于汉语实际,由浅入深、由表及里展现汉语深厚的历史文化及时代变迁在词汇系统的呈现;第四,章节后附有相应的检测题和练习题,以便深化和检验学习效果。

《汉语词汇教程》书后附有语言学术语词典、参考文献以及目录。作者写作的逻辑思维清晰,层层递进,重难点突出。这既体现了汉语词汇的系统性,又体现了汉语词汇历时演变的传承性,同时也囊括了时代变迁给汉语词汇带来的影响,突出词汇的实用性特点,这种编写原则和方法,也是值得我们借鉴的。

谢苗纳斯的《汉语词汇教程》是在广泛搜集整理现代汉语语料及融合了同时期中国语言学家的大量词汇学相关著作基础之上,结合俄罗斯词汇学研究成果而形成的。例如:王德春的《词汇学研究》,葛本仪的《汉语词汇研究》,任学良的《汉语造词法》,林裕文的《词汇、语法、修辞》,刘叔新的《汉语描写词汇学》《语义学和词汇学问题新探》,武占坤的《词汇》,武占坤、王勤的《现代汉语词汇概要》,符淮青的《词的释义》和《词义的分析和描写》,贾彦德的《汉语语义学》,张志毅、张庆云的《词和词典》,张永言的《词汇学简论》,周荐的《词语的意义和结构》,周荐、刘叔新的《汉语词汇研究史纲》,史有为的《异文化的使者——外来词》,姚汉铭的《新词语·社会·文化》,等等。

除了参考同时期的词汇学著作外,谢苗纳斯还参考了同时期有关词汇学的相关论文,如语言学家姚荣松的《台湾现行外来语的问题》《海峡两岸新词语的比较分析》及《台湾新词新语1997—1998引论》等文章。另外,一些同时期的俄汉及汉俄词典、专业词典以及俄罗斯汉学家的一些词汇学著作及文章都有参考。谢苗纳斯还到中国境内进行语言实地调查,并就《汉语词汇教程》中的一些语料与中国汉语专家学者交流。

四、《汉语词汇教程》内容简介

本教程共十六章,分为三个部分。

第一部分包括三章,主要研究讨论词汇单位的划分及方法。第一章主要介绍词汇及词汇学的内涵和外延,对词汇学的类型进行综述,并厘清词汇与语音、语法、语言史和修辞学的关系。第二章主要介绍词汇的研究方法以及成分分析与构词法和字形构造的关系。谢苗纳斯采用义素分析、语义场分析法对汉语词汇词义进行了分析。第三章主要研究词汇单位及其种类、复合词与复合词组的区别。

第二部分是全书的重点,共包括十一章。第四章主要介绍四种汉语构词方式:复合法、附加法、缩略法和借用。第五章主要讲述联合关系的构词类型本质及其成因。第六章主要分析偏正类型的词汇成分之间的语义关系。第七章主要介绍汉语词缀及其类型。第八章介绍缩略词及简称。第九章主要介绍汉语成语、谚语、俗语和歇后语。第十章主要介绍同义词的构词形式及类型。第十一章主要介绍反义词的判定标准及其类型,反义词在构词法中的作用。第十二章阐释单义和多义现象,用辐射链来阐释多义现象的意义系统。第十三章主要介绍汉语词汇同音异义现象的类型及成因。第十四章介绍外来词的借用。

第三部分共包括两章。第十五章对新词语的构成方式和词汇的发展趋势进行介绍,并阐释汉语词汇与中国人的习惯、文化和心理之间的内在联系。第十六章主要介绍新兴汉语词的词缀类型。

五、结语

《汉语词汇教程》全书内容涵盖了汉语词汇大部分的内容,对汉语词汇的各个方面均有涉猎。对当时汉语词汇研究各方面的最新成果进行了全面整合,所涉及的任意一个词汇类型均有丰富的例证,划分标准明晰,论证过程严谨且理据性强。为中国国内同时代的语言学家、俄罗斯汉学研究者提供了一个全新的研究视角,拓宽了汉语词汇学的研究视野。但与此同时,由于全书语料来源时间跨度较大,其中一些词汇例证也存在一些问题,如词汇例证来源于书面著作典籍中,个别词语已经退出当代语言使用范围,也存在个别历史时期留存的特定词汇释义不够准确、精当,已对不恰当的表述进行了修正和说明。在《汉语词汇教程》词汇例证所标注的汉语拼音中,由于排版印刷、考证条件受限以及原著作者本人的领会等多种原因,出现了拼音标注错误现象,难免给汉语学习者带来一定阅读障碍,我们已经删除。但从全书整体来说,瑕不掩瑜,谢苗纳斯《汉语词汇教程》这本著作在俄罗斯汉学发展史中,特别是在俄罗斯汉语词汇研究史上都是浓墨重彩的一笔,为今后俄罗斯汉语词汇研究的进一步发展奠定了良好的研究基础。

译　者

前言

本教程主要介绍中国语言学中的词汇学部分。在当今俄罗斯有关汉语词汇学的论著中,比较有代表性的如:格列罗夫(В. И. Горелов)的《汉语词汇学》(《Лексикология китайского языка》),克列宁(И. Д. Кленин)与希奇科(В. Ф. Щичко)的《汉语词汇和成语》(《Лексикология и фразеология китайского языка》)。但由于出版年代久远,所收词汇不能全面反映当今汉语词汇现状。为了全面介绍和系统了解当今汉语词汇系统结构的特点,我们在查阅中外文献并结合实地考察和教学实践的基础上编写了本教程。

本教程第一部分包括三章,主要介绍汉语词汇的特征、研究方法及基本单位。

第二部分包括十一章,主要介绍汉语构词的特点、构词的类型、构词的本质、构词的基本方法(附加词缀法、缩略词)、同义词、反义词、多义现象、同音异义现象和外来词等内容。

第三部分包括两章,介绍了新词的构成,展示了现代汉语词汇发展的主要趋势。

编写这本教程时,我们除了引用中国学者的研究成果,还对中国进行语言实地考察,其中包括1985—1999年在香港与中国学者进行学术交流。教程中也包含一些尚未收录在俄罗斯和中国出版的字典、教科书中的新词新语。

本教程比较适合汉语言文学专业高年级大学生和从事汉语外语教学的教师使用。

本教程按照以下的体例编写:每一章首先给出讲义材料,然后通过布置一些检测题和练习题来加以巩固,在书的最后列出语言学术语词典和参考文献。

作者在赤塔师范学院、赤塔工业大学和乌苏里师范学院工作期间,先后为学生开设了汉语词汇学相关课程,本教程就是在词汇学相关课程讲义基础之上形成的。

非常感谢哲学博士 В. Г. Бурову、教育学副博士 И. В. Кочергину 和哲学副博士 В. Ф. Щичко 提出的宝贵意见,同时也要感谢 И. Р. Кожевникову,他负责本书初稿的文本录入和排版工作。

目录

第一章 什么是词汇 ··· 1
- 一、词汇和词汇学的定义 ··· 1
- 二、词汇学的类型 ··· 1
- 三、词汇和语音的关系 ··· 2
- 四、词汇和语法的关系 ··· 3
- 五、词汇和语言史的关系 ··· 3
- 六、词汇和修辞的关系 ··· 4
- 检测题 ··· 5
- 练习题 ··· 5

第二章 词汇学研究方法 ··· 7
- 一、词汇学研究方法 ··· 7
- 二、汉语词汇成分分析的民族特色 ··· 8
- 三、成分分析与构词和字形结构的关系 ··· 9
- 检测题 ··· 11
- 练习题 ··· 11

第三章 汉语词汇的基本单位 ··· 13
- 一、汉语词汇的基本单位 ··· 13
- 二、语素的主要类别 ··· 14
- 三、区分复合词和词组的标志 ··· 17
- 检测题 ··· 18
- 练习题 ··· 18

第四章 构词及构词法类型 ············ 20
   一、汉语的构词方式 ············ 20
   二、汉语的构词类型 ············ 20
   检测题 ············ 24
   练习题 ············ 25

第五章 联合关系的构词类型 ············ 26
   一、复合词的本质及其出现的原因 ············ 26
   二、语义关系的类型 ············ 27
   三、语义关系和成分顺序 ············ 32
   检测题 ············ 33
   练习题 ············ 33

第六章 复合词的语义关系类型 ············ 35
   一、复合词不同结构关系的语义类型 ············ 35
   二、偏正关系复合词语义关系的种类 ············ 35
   三、在组合中语义关系和其他的关系类型 ············ 40
   四、成分的顺序和组合意义 ············ 41
   检测题 ············ 43
   练习题 ············ 43

第七章 词缀构词法 ············ 45
   一、汉语词缀的位置 ············ 45
   二、后缀 ············ 45
   三、类词缀 ············ 51
   检测题 ············ 53
   练习题 ············ 53

第八章 缩略词 ············ 55
   一、缩略词的类型 ············ 55
   二、带数目的缩略名称 ············ 59

检测题 ··· 60
　　练习题 ··· 60

第九章　汉语成语 ··· 63
　　一、汉语成语的来源 ······································· 63
　　二、成语的民族特色及特点 ································· 65
　　三、谚语和俗语 ··· 67
　　四、歇后语 ··· 68
　　五、汉语词典中的成语 ····································· 69
　　检测题 ··· 70
　　练习题 ··· 70

第十章　同义词 ··· 73
　　一、同义词的来源 ··· 73
　　二、同义词的类型 ··· 73
　　三、同义词在构词中的作用 ································· 77
　　四、同义词之间的种属差异 ································· 78
　　五、其他有种属差异的同义词例子 ··························· 78
　　六、同义词及其在上下文中的使用 ··························· 79
　　七、同义词的来源 ··· 80
　　检测题 ··· 81
　　练习题 ··· 82

第十一章　反义词 ··· 83
　　一、反义词的标准 ··· 83
　　二、反义词的形式类型 ····································· 84
　　三、反义词的语义类型 ····································· 85
　　四、反义词对的内部顺序 ··································· 87
　　五、反义词在构词中的作用 ································· 88
　　检测题 ··· 89
　　练习题 ··· 90

第十二章　单义和多义现象 ····················· 91
一、单义和多义现象的确定 ····················· 91
二、多义词的基本类型 ························· 92
三、多义动词 ······························· 95
四、词义发展的规律 ··························· 97
五、反义形容词和多义现象 ····················· 98
检测题 ··································· 99
练习题 ··································· 99

第十三章　同音异义现象 ······················· 101
一、词汇同音异义现象 ························· 101
二、词汇同音异义的类型 ······················· 102
三、词汇同音异义的来源 ······················· 104
四、消除同音异义词的方法 ····················· 107
检测题 ··································· 108
练习题 ··································· 108

第十四章　外来词 ··························· 110
一、外来词借用的原因 ························· 110
二、外来词借用的五种方式 ····················· 111
三、借用词缀 ······························· 115
检测题 ··································· 116
练习题 ··································· 116

第十五章　新词的构成（首篇）··················· 118
一、新词语的构成方式 ························· 118
二、新词的例子 ····························· 119
三、现代汉语词汇的发展趋势 ····················· 122
四、新词的构词类型 ··························· 124
五、新词语的表现形式和成分结构 ················· 126
六、数词的魔力 ····························· 127
检测题 ··································· 127
练习题 ··································· 128

第十六章　新词的构成（续篇） …………………………………………… 129
一、后缀的类型 ………………………………………………………… 129
二、类词缀的类型 ……………………………………………………… 130
三、前缀的类型 ………………………………………………………… 135
检测题 …………………………………………………………………… 136
练习题 …………………………………………………………………… 136

语言学术语词典 …………………………………………………………… 138
参考文献 …………………………………………………………………… 143
后记 ………………………………………………………………………… 152

第一章　什么是词汇

学习目标	与语言的其他方面相比,解释词汇的特殊性
学习提纲	(1) 词汇的定义和关于词汇的学科——词汇学 (2) 词汇学的类型 (3) 词汇和语音、语法、语言史及修辞的关系

一、词汇和词汇学的定义

语言中词的总和称为词汇。词汇可以理解为进入到语言中所有词和词的等价物的总和。换言之,词汇不仅包括词,还包括与词具有同等意义的词的组合,如固定短语、词组、熟语等。词可以被定义为一个音义结合体,在语言中作为一种独立的整体使用。

词作为语言的主要核心单位,也在语言学的其他研究领域——形态学、句法学、构词理论,甚至语音学中进行研究。然而,在词汇方面,词主要作为命名单位进行研究,从它们指称某些符号、对象或现象、现实的能力的角度来看,以间接的方式形成相应的概念。与语言其他研究方面相比,词汇研究更着眼于现实现象,这也是词汇研究的基本特征。词汇是语言中最活跃的一部分,它本身也是一个开放的集合。词汇系统中总会添加新的词汇,同时词汇在使用过程中也会产生新的词义,语言中也会出现新的词语。因为外部环境总是处于不断的变化中,客观现实的变化也必将反映在词汇系统中。除此之外,任何一个词都不是孤立存在的,词与词之间处在直接或间接的联系之中。单独一个词并不能突出词汇学的研究价值,而词汇系统中词与词之间的关系体现出词汇学研究的价值和意义。如多义结构中一个词的各个意义之间的关系所揭示出的客观规律是词汇学研究的重点。因此,词汇学这门学科就是研究词和词的构成理论的学科。

二、词汇学的类型

根据研究对象的不同,有不同类型的词汇学。普通词汇学研究各种语言的词汇并揭示其结构特征。个别词汇学是以某一种语言的词汇作为研究对象。例如，汉语词汇学。比较词汇学依赖于被比较的语言的历史文献资料，例如，俄语和汉语的比较词汇学。根据时间可以把词汇学分为描写词汇学（研究共时的词汇单位系统）和历史词汇学，它研究语言形成和发展的过程中的词汇。甚至可以区分出理论词汇学和应用词汇学。词汇学的所有方面都是有联系的，这样词汇学的理论依赖于实践词汇学的材料，它们相互联系，相互补充。

作为一门个别学科，汉语词汇学研究特定的语言材料，但是也为揭示普通词汇学的一般规律提供路径，同时也丰富了普通词汇学的语言材料。

词汇知识不仅可以提供有关词语含义的信息，还可以提供词语使用以及词语搭配等情况，有意识地学习词汇知识可以避免词语使用错误。掌握一定的词汇构成成分和清晰准确地表达自己思想的能力，可以培养语言猜测的技能。反过来，获得了使用字典的能力。

掌握构词语素的意义可以推导出词的意义，掌握这种组词规律将极大地提高学习词语的效率。鉴于在汉语词典中查找词的难度，这一点非常重要。

了解汉语词语组成的语义模型对于正确翻译很重要。在用象形文字书写的汉语文献资料中，将词与词、词与词组区分开比用西方语言书写的文本要困难得多。了解词的起源、历史发展以及属于一般或特殊词汇可以为我们提供重要的帮助。正如我们已经注意到的，词是从不同的角度来研究的，它是语法学、语音学等语言学部分以及语言史和修辞学的研究对象。

三、词汇和语音的关系

除了词汇学，词语也在语言学的其他分支——语音和语法中进行研究。举一个俄语词"дом"的例子。"дом"是一个词汇单位，它有明确的词汇意义，但与不同的词组合会形成不同的词汇意义：①建筑物，供人们居住或工作，如石房子、住宅楼、平房；出行，归来；②某人或物居住的房间、公寓、狗窝；③一些文化、科学机构的名称，如文化宫、休息室、样板房、教师之家。从语音学角度，更关注这个语言单位由[д]、[о]、[м]三个音位构成。从语法学角度，强调这是个名词，有性、数、格的语法范畴，在句中有哪些作用。

语音学从其声音（音素）组成的角度研究词语，语法研究词语属于某个词性，它在句子中的作用。一个词可以被定义为一个声音或一个声音的复合体，它具有意义并作为一种独立的整体在语言中使用。

俄语词的语音是由语音成分（元音、辅音）、字母拼合规律以及重音组成。在汉语里还有声调,汉语词汇中声调和重音都很重要,因为它们有区别意义的作用。

例如,"大意"("意"四声)的意思是"本质,实质",而"大意"("意"轻声)的意思是"不经心的、疏忽大意的"。这两个意义不同的词,字形相同,音节相同,声调不同。第一个词的两个成分都读四声,而第二个词的第一个成分读四声,第二个成分读轻声。

四、词汇和语法的关系

语言的语法结构之外没有任何单词,即使是从其他语言中借来的单词也被置于语言中存在的语法范畴之下。比如俄语词"такси(出租车)"没有性、数、格的表达形式,但是在整段的上下文中使用,像"свободное такси(空出租车)"比较容易看出它相当于中性的范畴,这样的形式属于俄语的一般范畴规则。

所有词总是根据给定语言的语法规则形成,并根据既定规则组合成一个句子。在汉语中,动词用"了、过、着"的形态标志来表达动词体的不同意义,名词有自己的构词后缀和形态,如"子、儿、头、性、士、者"。

一个甚至没有任何形态标记的词也能表达语法意义。例如,"今天下雨"这句话由三个词四个汉字组成,表达的意义是"今天下雨"。四个词五个汉字组成的句子,例如,"她看中文报"或者"她读中文报"(数量形式没有表现出来),在时态上,一般来说可以表示现在时也可以表示将来时。

五、词汇和语言史的关系

为了更好地了解汉语词汇的现状和发展趋势,有必要回顾一下汉语的历史。这个问题首先是由语义学和词源学研究的,一个词作为一定的词汇单位,其意义不断发展出现新的性质和功能。例如,"打"这个词的基本的意义是"打,敲击"。

例如:

打门　打钟

"打"这个词产生得比较久远。人们借助于各种工具、物品来敲、打。因此"做一把刀"也可以替换成"打一把刀","打"的意义是"制造,制成,做成某些特定形状",已经成了"打"的转义。

例如:

打金首饰

打家具

打烧饼

但是也可以用在其他的物品上,例如,"打毛衣","打"的意义是"编织",这个意义和"敲打"本身已经没有意义上的联系了,它是在"制造"这个意义的基础上发展而来的。又如,"洲"所表示的"内地、大陆"这两个意义是在历史过程中出现的,它是在"河流的岛、河里大的(有人居住的)浅滩"这样基本意义的基础上发展而来的。

六、词汇和修辞的关系

汉语词汇学和其他语言的词汇学一样,显示了类型的分化。根据话语的目标和主题,以及说话者和听者的意图,来选择必要的词汇单位。例如,表达"担心、害怕"的意义可以用各种不同的词,如"怕、担心、要死",甚至是词语组合"怕得要死、提心吊胆"。

俄罗斯人要表达事物发展得很快用"像雨后的蘑菇",而中国人用"雨后春笋"来表述。要表达从事无意义的事情、徒劳的事情,俄罗斯人用"坐在海边等天气"来表述,而中国人用"守株待兔"或"海底捞针"来表述。

对于修辞来说,根据实际情况选择正确的词是非常重要的。这不仅在这个词的比喻使用中很重要,同时也使词在中立的状态下产生各种具体生动的转义。例如,"结果"这个词,无论是表达正面的还是负面的语境,都可以在广泛的上下文中使用。"后果"一词通常意味着不良、可悲的结果,即在需要强调负面后果的情况下使用。因此,"结果"这个词指的是在整段的上下文中使用任何肯定的或否定的结果。而"后果"这个词通常指不合心意、不好的结果,也就是在需要强调否定的结果这种情况中使用。不考虑词的这些使用特点可能引起错误的联想。

例如,翻译俄语词"召集、召开",首先需要注意的是宾语,如果和"人民"搭配,需要使用的是"召集",如果搭配"代表会议",就用"召开"。

在汉语中词语的搭配情况却不能仅从宾语类型来判别,需要根据词语的使用范围和类别总结规律。例如,汉语"斗争"这个词可以表示各种不同形式的斗争,阶级的、思想的、作风的等类型都可以使用。使用"斗争"一词时,应注意它可以表示各种斗争形式:表示斗争形式之一——"武装斗争",表示斗争特征本质——"解放战争",表示斗争原因——"鸦片战争"。

研究汉语词汇时发现,词在使用中有一些用法是汉语母语自身自古以来就有的,有一些词是借用的,有一些是修辞用法,也有一些词只适用在某种特定语体中,例如:

妻子——中性表达风格。

夫人——比较正式风格。

太太——对妻子、配偶的称呼。

老婆——口语风格,俗语风格。

牵手①——以比喻方式来表达,适用在特定的语体中。

◆检测题

(1) 词汇本身包括哪些?

(2) 研究词可以分为哪几个部分?

(3) 同语言的其他部分相比,词汇中的名词的特点包括哪些?

(4) 普通词汇学和个别词汇学研究什么?

(5) 描写词汇学相对于理论词汇学有哪些特点?

(6) 汉语词汇中表达"担心"、"忍受"意义的词有哪些?

(7) "妻子"、"夫人"、"太太"、"老婆"、"牵手"这些词的风格区别有哪些?它们的使用特点是什么?

◆练习题

(1) "打"这个词的本义是什么?举几个使用这个意义的"打"的例子。

(2) 把下列词汇中"打"字意义相近的分成两组:

打门

打家具

打草鞋

打鼓

打钟

(3) 把下列动词"打"的词组翻译成俄语:

打字

打针

打铁

打火机

---

① "牵手"本义是一起牵着手,也用来形容伴侣或爱人共度人生。中国自古有"千里姻缘一线牵"的比喻传统。

(4) 把下列句子翻译成汉语：

он бьёт лошадь

он стучит в ворота

(5) 把下列句子翻译成俄语：

外面有人打门

雨打着窗户

(6) 把下列句子翻译成俄语：

他打篮球

他喜欢打篮球

他打手球

他打排球

(7) 利用下面的意义来造几个动词"打"的句子：

стучать

ударять

бить

играть

(8) 用"结果"和"后果"这两个词补写句子，并把它们翻译成俄语：

～～不坏

实验得到了良好的～～

引起不良～～

严重～～

第二章 词汇学研究方法

学习目标	了解汉语成分分析方法
学习提纲	（1）词汇学研究方法 （2）成分分析与构词、字形的关系

一、词汇学研究方法

成分分析法（KA）被广泛应用于现代汉语词汇分析中。词语的含义往往被表示为一组语义成分，语义的划分可以得出词语的具体含义。词的整体意义等同于被划分的语义成分的总和，分析词的意义最终以最小的语义单位呈现。语义成分表示一个完整的概念，这个概念的含义可以通过汉语大辞典的释义获得，用最简单的例子来说明这个方法。

举两个语义相近的词：

椅子　凳子

词典中释义如下：

椅子，有靠背的坐具，主要用木头、竹子、藤子等制成。

凳子，有腿没有靠背的、供人坐的家具。

比较一下这两个释义。第一个释义中表示材料语义的部分，如木头、竹子、藤子等，这些特征不是本质上区别"椅子"与"凳子"的关键。从词典中的解释可以抽出区别性的语义特征，可以用下表来表示：

词		家具	坐	有靠背
成分	椅子	＋	＋	＋
	凳子	＋	＋	－

两个词的意义要借助于三个语义成分才可以解释清楚。比较一下，发现它们有两个共同的成分——都涉及了相同的种类和物品的功能；不同的成分在于外形不同（有无靠背）。

再给这个器物种类增加新的成员,它们的区别需要加入新的语义成分,用下表来表示:

词		家具	坐具	一个人坐	有靠背	有脚
成分	椅子	＋	＋	＋	＋	＋
	长凳	＋	＋	－	－	＋
	凳子	＋	＋	＋	－	＋
	草垫	＋	＋	＋	－	－

五个语义成分可以足够明确这四个词的意义并指出它们的区别。

二、汉语词汇成分分析的民族特色

汉语词汇的语音特点是双音节占优势,同时有大量的单音节古语词存在。现代汉语词汇构词方式突出汉语词语构词的灵活性,这种构词方式具有明显的规律性。用图解来看汉语男孩、女孩、男人、女人一系列复合词的表达方式:

男孩　男性＋孩子→男孩
女孩　女性＋孩子→女孩
男人　男性＋成人→男人
女人　女性＋成人→女人

在它们中发现了两对有区别特征的语义成分:男/女(非男),大人(成年)/小孩(未成年)。它们的构词关系用以下的形式表示:

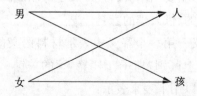

在这种情况下,复合词的构成成分"男,人,女,孩"和它们的语义成分相一致,语义成分和概念成分相一致。

以上的例子表明,构词成分的分析可以替换语义分析,但并不是所有词汇都可以这样进行替换。

当然,汉语和其他语言相比,词的内部形式语义相对更完整、更清晰。词语构成成分的语义很容易识别和区分,词汇义往往是成分义的叠加和组合,从构词成分义就可以理解词汇义。

让我们俄语单词"бобр，дельфин，губка，морж，медуза"及其对应的汉语词"海狗，海猪，海绵，海马，海蜇"的组成成分进行语义分析，即便不能推断出准确的词义，也能得出它的大致含义。"海"系列的第一个构成成分表明该生物的生存空间特征，即分布范围。一组词的这种共同特征表明它们都属于同一个语义类——"与海有关的物体"。第二个构词成分表明外部特征，即这些对象的区别特征。

海狗　海里的＋体型像狗的→海狗

海猪　海里的＋外形类似于猪的→海猪

海绵　海里的＋有类似棉花柔软特性的→海绵

海马　海里的＋头部像马的→海马

海蜇　海里的＋类似螃蟹多脚的→海蜇

三、成分分析与构词和字形结构的关系

表意汉字可以通过汉字字形来表示语义特征，借助于字形部分——部首来传递出客观事物的外部信息，它们指出在这个语义范围内的词的意义归属。例如，"竹"这个部首表示用竹子制成或跟竹子有关的东西：笋，笆，笔，符，筒。类似地，"火"这个部首表示与火、炎热有关的概念，因此这个词的意义含有"火"这个成分：灶，炉，炕，炎，烤，炬，烟（①油烟；②吸烟）。

通过分析汉字字形结构来明确语义的这种方法有很多例证，如：①步；②陟；③涉。构字部件"步"被赋予了运动方式（借助于脚来移动）这一符号信息，它可以被认为是上述所有例子中意义的共同组成部分。在这种情况下另一部件的语义"土丘"和"水"等表示完成动作的范围，即"陟"有"脚步在丘陵移动"的意义，"涉"指"在水中移动"。

描述一个词的含义的最小语义单位是什么？其中哪些对于推测词语的含义最重要，哪些是次要的？

让我们回顾一下苏轼《日喻》中的一段插曲。生而眇者不识日，问之有目者。或告之曰："日之状如铜盘。"扣槃而得其声，他日闻钟，以为日也。或告之曰："日之光如烛。"扪烛而得其形，他日揣籥，以为日也。

这个故事说明了这样一个事实，即外部世界的对象可以从不同的角度进行表征。关于所研究对象的知识包括其特征和特性的全部，不仅是独特的、必要的，而且还包括各种次要特征。毫无疑问，词义的概括不能仅从形式入手，即太阳与铜盘的外观相似，是次要的，不能成为本质特征。在太阳的整体形象中，综合了它的基本特征和属性。如果只从一个侧面认识和解释物体，那么所创造的形象可能与现

实不符。由于一个词的意义通常可以概括为一组语义信息,因此不可能仅根据一个表示外在形式特征的成分来推导出词的意义。"太阳"一词的含义除了表示物体形状的成分外,还有许多其他的基本含义,例如,"发出光和热的气体球"和"属于恒星"。没有这些语义,就不可能准确理解词语的含义。

让我们用两个更具体的例子来说明成分分析:①汉语头饰的名称;②汉语食物的名称。

"鸭舌帽"在中国是很常见的服饰用品。这个词的词义分析首先应该从语素"帽"开始,它有"帽子、头饰"的意义。语素"帽"在整个一系列词中是"头饰"的名称,因此:

海军帽　海的＋军人的＋帽子→海军帽
风帽　防风的＋帽子→风帽
草帽　用草编结的＋帽子→草帽

关于鸭舌帽,除了成分"帽"之外,它还有两个语义成分。

鸭子＋舌头→鸭舌,它指出这个头饰的形式特点:鸭舌头形状的帽舌。汉语词典中"鸭舌帽"的释义为:帽顶的前部和月牙儿形帽檐扣在一起略呈鸭嘴状的帽子。

一些食物的成分分析也是如此。馒头和米饭是中国的传统食品。馒头在形状上是圆的,用面粉制成,蒸熟的,没有馅儿。馒头这种食品的名称在俄语中没有对应的词。把俄语"пампушка на пару"翻译为"用蒸汽蒸熟的小甜圆面包"最接近它。馒头是一种中国传统面食,语义成分包括:"面粉制成","蒸熟的","没有馅儿"。

从词义角度来说,越常用的词所代表的词义越具有普遍性,往往是生活中的常见事物和现象。特定词比通用词包含更多的语义成分。以汉语词典词条中的"面食"和"饺子"的释义为例,说明它们之间的相互关系。

汉语词典中,"面食"一词的释义为:用面粉做的食品的统称。

"饺子"一词的释义为:包成半圆形的有馅儿的面食,煮、煎或蒸熟后食用。其成分表示如下:"面粉制成","半圆形","有馅儿","食品"。

"面食"和"饺子"这两个词的字面义有助于揭示词义,它们有一个共同的成分"食品,面粉制成",不同的成分"半圆形"和"有馅儿"。第一个词"面食"的意义成分与构词成分语义重合,第二个词"饺子"没有与意义成分相关的构词成分。

在这种情况下,完全可以借助汉语词典的释义来理解词义。词义信息可以从字典释义、括号中的解释性文本、附带的插图和详尽的示例中获得。

同样,对于"盖"这个词,汉语词典中给出以下释义:器物上部有遮蔽作用的东西。

例如：

锅盖　茶壶盖

成分分析有时也会遇到因词义兼容和语音习惯导致语义信息不明等现象。众所周知，词的组合具有语法和语义限制。此外，一个语法正确的句子不一定在逻辑上是正确的，这时需要按照成分来进行语义分析。

◆检测题

（1）什么是成分分析？汉语成分分析的特点有哪些？
（2）汉字的字形对成分分析有哪些意义？
（3）在什么情况下汉语构词成分指明语义成分？
（4）你知道俄语和汉语中哪些词概念义相同？
（5）指出下列家具物品中语义成分的共同特征和区别特征：

椅子

长凳

凳子

草垫

◆练习题

（1）用成分分析法分析"馒头"一词。
（2）指出"饺子"这个词的语义成分。
（3）指出"面食"和"饺子"的共同特征和区别特征。
（4）指出下列词的共同特征和区别特征：

海狗

海猪

海绵

海马

海蜇

（5）指出下列头饰的汉语词并指出它们的共同语义特征：

кепка с пристегивающимся козырьком

бескозырка

башлык

капор

соломенная шляпа

（6）通过分析汉字字形结构来指明下列各词的语义并用图示来表示：

步

陟

涉

第三章 汉语词汇的基本单位

学习目标	了解汉语词汇基本单位的特点
学习提纲	（1）词法分析的基本单位 （2）语素的基本类别 （3）区分复合词和词组的标志

一、汉语词汇的基本单位

大家都知道，汉语属于意合文字，按照词汇构成方式和语法形态来划分的话，汉语属于孤立语类型（汉语、越南语、泰语、柬埔寨语）。这种类型的语言有别于形态变化类型的屈折语（俄语、白俄罗斯语、拉丁语、希腊语、立陶宛语）。合成法在构词法中占有重要的地位——构词方式主要是通过有意义的语法单位组合——将构成成分按照一定的规则组合成一个复合词。

对汉语成分的分析通常是从音节划分开始，这些音节在书面上通常由单独的汉字表示。这样的汉字符号代表了具有语音和语义统一性的最小书写单位。例如，"手"（人体的一部分），在现代汉语中，你可以说：

右手　握手

洗手　空手

像"手"这样的词汇是词汇分析的基本单位——语素（以下简称 ПЛ）。这类语素是成词语素，具有语法确定性，可以是名词、动词、形容词等，有一定语音形式。

这些成词语素往往具有一定的实际意义，是汉语的一种特殊类型，它和中国人的语言思维紧密相关，例如：

人　小　天　地

爱　走　好

成词语素构成了语言的最小词汇单位，因此，汉语词典主要是字典，例如：《新华字典》，商务印书馆，北京，1988；《常用同音字典》，浙江人民出版社，1983。

俄语中词的概念和汉语中词的概念略有不同，俄语中的词是由词素构成，词素是词的基本构成单位。在汉语中这种情况相对要复杂一些,汉语中词汇从形式上可以分为单音节、双音节和多音节等,单音节词、双音节词和多音节词的构词语素有"同形"的情况,因此汉语中分析词汇组成成分时,引入"语素"这一概念,用来区别词和构词成分。在词汇分析中,语素是基本构词单位。也就是说,分析汉语词汇之前要先了解和划分汉语成词语素。成词语素即词作为语言的自然单位,在语流中很容易被说话者感知,它们的特殊性在于它们的音节形式,有单音节也有双音节。对照汉语词典显示,大部分(93%)的语素是由一个汉字和一个音节构成,但也有很多例外,特别是一些联绵词和外来词等,这些词语的形态结构比较复杂,它们通常由几个语素组成。

然而,这条规则也有例外——这些是语义上不可分割的外来词,属于语音借用类型。

例如:

幽默　摩登　巴士

苏打　坦克

双音节语素包括词源上不可分解的联绵词。

例如:

玫瑰　蜘蛛　馄饨

有两个语素对应一个音节的情况:玩儿(играть)。

下表示例显示了语素、词、音节和汉字的数量组合关系:

语言单位	她喜欢玩儿曼德琳			
	单位的数量(个)			
	她	喜欢	玩儿	曼德琳
汉字	1	2	2	3
音节	1	2	1	3
语素	1	2	2	1
词	1	1	1	1

二、语素的主要类别

根据其使用的自由度,语素可分为四类:

1. 第一类为自由语素

它可以独立使用,也可以作为复合词的构词成分。自由语素可以按照构词能力来进行分类,语素的自由度可以通过字典收录的情况来衡量。它们不仅解释了词的意义,而且通过构词数量来说明其使用的频率,这些自由语素历久弥新,是汉语中的珍贵语料。如果对复合词进行分析,就会发现它们通常都是由两个或两个以上的语素构成。例如,以下自由语素都是构成复合词最常用的基本自由语素:

大　小　手　茶　菜　白　枪
牛　看　走　深　跳　说　运　钱

2. 第二类为黏着语素

它可以作为复合词的组成部分,也可以作为固定短语的一部分。

丽　美丽
泽　泽龟
民　人民
习　学习
饮　饮料
卧　卧室

第二类语素也可以是固定词组的一部分,例如,在组合中,语素"民"可以组成"爱民运动"、"军民团结"、"军爱民,民拥军"等。

3. 第三类为虚语素

它属于次要成分。这一类语素具有广泛的兼容性,并且有很强的构词能力,与它有独立意义的成分结合,一般有固定的使用位置。这些语素包括词缀、序数词、后置词、定语标记。例如,构词成分"的"、序数词前缀"第"等,它们完全丧失了自己的词汇意义。

后缀"手"是随着第一类语素"手——作为人体器官"的发展而出现的。从这个意义上说,它用于"招手"、"握手"、"分手"、"扶手"、"拉手"、"牵手"等。

由于"手"是人类劳动的工具,因此"手"被转喻为掌握一定的技能、精通某项技术的象征。"手"开始表示具有高技能的人。

例如:

能手　选手　高手
新手　老手　多面手

语素"手"的实词意义进一步虚化,由自由语素变成了虚语素,逐渐成为构词词缀。

例如:

助手　手抄

手稿　手球(这里"手"代表"手"的本义)

更多关于词缀构词,见第七章。

4. 第四类为半自由语素

这一类语素可以说是处于第一类和第三类之间的位置。它们仅在特定有限的组合中以孤立的形式自由使用。例如,"城"和双音节复合词"城市"——它是在"城"这个成分的基础上加上同义的成分"市"构成的。单音节词和双音节词的区别只是在于它们使用上的特点。因此,双音节词"城市"在所有逻辑通顺的上下文中都可以使用,单音节词"城"只能在固定的组合中独立使用。其中,后置方位词"里"和"外",如"城里"和"城外"、"进城",除此之外还可以说"北京城"和"市中心"。

又如,"眼"这个词有自己的双音节形式"眼睛",它能自由地使用在任何上下文中,除了"瞎了一只眼",在这里不能用"眼睛"代替"眼"。

在汉语发展的过程中,基本语素的性质发生了变化,特别是一些由其他语素虚化而来的虚语素。例如,从第一类自由语素"手"过渡到一个带有职业"手"含义的后缀,它构成了一系列的词语。

例如:

水手　车手　鼓手

棋手　歌手　拖拉机手

基本语素组合成复合词,它们可以由附加在复合词整体上的各种词缀构成,而不是分别附加在每个成分上。例如,复数标记"们"附在名词后面:"孩子们"、"同志们"。后缀"儿"也可以构成一个整体。

例如:

小孩——小孩儿

冰棍——冰棍儿

男孩——男孩儿

因此,后缀"们"和"儿"不是单独与每一个成分结合,而是与整个词结合。

复合词的标志是相对于它的构成成分来说,它属于不同的词性。

例如:

开+关——开关

在这个例子中,两个动词性成分组合成一个名词性复合词。

动词性成分和名词性成分组合也可以形成名词。

例如：

知＋己——知己

词与词组的构成方式相同，这导致汉语中的复合词和词组具有外在形式的相似性。

例如：

东西（词组）——东西（复合词）

三、区分复合词和词组的标志

在一个词组中，两个语素的重音不分轻重。

例如：

东西　大小　多少

在一个复合词中，重音通常转移到第一个成分上，随之第二个成分的音调减弱。

例如：

东西　大小　多少

词的构成成分的分析可以帮助确定复合词和词组的界限。下面举三个例子：

（1）小老虎。从成分意义上来看，"老虎"是一个词，"小老虎"是词组。对"小老虎"进行语素分析只能划分为两个层次，划分为三个层次的情况在逻辑上是行不通的，"小"和"老"的语素不可能同时出现在一个词里。

（2）大小孩儿。从成分意义上来看，"小孩儿"是一个词，"大小孩儿"是词组。另一种解释逻辑上是行不通的，因为不可能是"大孩"同时还是"小孩"。

（3）大小说。从成分意义上来看，"小说"是一个词，"大小说"是词组。另一种解释逻辑上是行不通的，因为不可能是"小说"同时还是"大的"。

这样，词汇组合的特征排除了把"老虎"、"小孩"、"小说"认为是词组的可能，它们都是复合词。

再举一个和日常生活有关的例子。当你走进一个鞋店，店员问你需要多少尺码的鞋子，按汉语说法鞋子的尺码——这是"皮鞋的大小"（逐字逐句翻译是："皮"＋"鞋"＋定语的标志"的"＋大＋小）。

房间面积（尺寸）的标志使用"大小"这个词：房间的大小，大小不合适。"大"＋"小"＋"不"＋"合适"，也就是，尺寸（长短）不合适。

因此，汉语有一种特殊的语义机制：将两个意义相反的形容词结合表示数量级——大和小，因此构成了复合词"大小"。用于"深度"的词是"深浅"，它用在诸如

"你去打听一下这里河水的深浅"等语境中。

复合词和固定短语构成了根据某些构词类型构成的复合词,它们作为单独的词汇收录在汉语词典中。

◆检测题

(1) 词汇分析的基本单位是什么?

(2) 说一说基本词汇单位数量成分的特点。

(3) 基本词汇单位可以分为哪几类?

(4) 举例说明汉语中完全丧失自己词汇意义的词缀有哪些?

(5) 举例说明语素"手"属于哪一类词汇单位?

(6) 如何区分汉语复合词和词组?

(7) 汉语中数量级单位的"深浅"、"尺寸"是怎样构成的?

◆练习题

(1) 举例说明只适合在复合词中使用,但不适合在孤立类型中使用的基本词汇单位有哪些?

(2) 把下列俄语词翻译成汉语,这些词的第一个语素义是什么?并指出它们的关系类型。

осенний ветер

весенний дождь

ежедневная газета

месячный билет

периодическое издание

издание,выходящее поквартально(трехмесячник)

(3) 借助于语素"家"翻译以下词语,它们的构词类型是 X+家。

агроном	даос
астроном	историк
литератор	специалист
языковед,лингвист	композитор
учёный	китаист
спортсмен	музыкант

(4) 指出以下这些语素的意义并查一下它们在词典中的构词能力：

工　人　红　大

牛　菜　车

(5) 按照以下形式从词典中找出 30 个词，这些词第一个或第二个语素是"雨，手，白"。

例如：由成分"生"派生出来的词：

生活　生命　生人

生水　生死　生铁

生命力　生日　生手

大学生　医生

第四章　构词及构词法类型

学习目标	了解汉语构词过程的特点
学习提纲	（1）汉语构词类型 （2）名词、动词、形容词的构词类型

一、汉语的构词方式

从形式上看语言的构词方式是有限的，但是不同语言在使用过程当中存在一定的差异性。某种构词方式在一种语言中可能是常见的方式，而在另一种语言中可能就是另外一种情形。这可以从不同语言的语法特点展现出来。

在汉语这样的语言中，构词方式有以下几种：复合法、附加法、缩略法、借词法。用复合法、附加法和借词法这三种方式构词是当前汉语的主要构词方式。相对来说使用词缀附加法构词方式较少，而在俄语中广泛使用的是词缀附加法。汉语语素分为成词语素和不成词语素，成词语素具有独立的意义，汉语主要是利用有意义的语素复合而成，借助于这种形、音、义一体的成词语素既可以表达思想上的最精确的细微差别，又体现意义本身所具有的多样化区别特征。

二、汉语的构词类型

复合词的构词结构首先是成分的语法特征，主要是其成分的语法特征之间的关系类型。

复合成分就其语法性质而言，可以是名词性的（名词）、动词性的（动词）、形容词性的（形容词）。它们可以用英语字母 N、V、A 表示。

词汇复合成分之间可以分出五种语法关系类型。成分之间的关系类型可以用罗马数字表示：Ⅰ、Ⅱ、Ⅲ、Ⅳ、Ⅴ。

第一种是偏正关系。当第一个成分决定第二个成分时，它们之间存在种属关系（Ⅰ）。

第二种是联合关系。当分量相等时，第二个是系词（Ⅱ）。

第三种是述宾关系。动作—客体(Ⅲ),第一个成分指向第二个名词性成分的动作。

第四种是述补关系。动作—结果(Ⅳ),第二个成分表明第一个成分所表现的动作结果。

第五种是主谓关系。主语—谓语(Ⅴ),第一个成分表明主体,而第二个成分指明第一个主体的动作或状态。

根据词汇复合成分之间语义关系的性质,我们可以分为两大类:一类如第二种联合关系,词汇成分之间的语义关系是并列的;另一类是与并列关系不同的其他语义关系,例如,偏正、述宾、述补、主谓关系。

第四章主要了解词汇复合成分之间的语法关系的类型,接下来的两章解释成分之间语义关系的类型。下面让我们根据语法关系的类型来探讨名词、动词、形容词的相应类型。

1. 名词的类型

大多数名词是由两个或两个以上构词成分按照修饰限定关系构成的偏正类型的名词。名词这一类型中成分之间的语义关系非常多样化。

(1) 两个名词性成分按照限定关系组成物质名词:名词+名词→名词(它们组合的形式类型是 $N_{(I)}N>N$)。

例如:

书桌　市民　食管　火箭　牙膏

这是最能产的构词类型。汉语大部分名词都是按照这种类型构成的,至今这种构词方式依然保持着强大的构词能力。在汉语中,术语主要也是按属性类型相加的方法形成的。应该注意的是,这也是词语组合最有效的方式。

例如:

纸老虎

(2) 形容词性成分和名词性成分根据连接的定语类型组合形成名词:形容词+名词→名词(它们组合的形式类型是 $A_{(I)}N>N$)。

例如:

白菜　高地　好处　美术

(3) 动词性成分和名词性成分按照限定的关系类型构成名词:动词+名词→名词(它们组合的形式类型是 $V_{(I)}N>N$)。

例如:

医院 唱机 燃料 笑话

(4) 名词性成分按照逻辑关系类型构成名词:名词+名词→名词(它们组合的形式类型为 $N_{(II)}N>N$)。

例如：

历史 水土 东西 儿女 语言

(5) 形容词性成分按照逻辑关系类型构成名词:形容词+形容词→名词(它们组合的形式类型是 $A_{(II)}A>N$)。

例如：

宽窄 长短 软硬 大小

厚薄 英雄 空白 奸细

这种情况是反义成分、同义成分或者联想成分按照逻辑关系类型结合。

(6) 动词性成分按照逻辑关系类型构成名词:动词+动词→名词(它们组合的形式类型为 $V_{(II)}V>A$)。

例如：

买卖 消费

(7) 动词性成分和名词性成分按照动作—客体的关系类型构成名词:动词+名词→名词(它们组合的形式类型为 $V_{(III)}N>N$)。

例如：

整风 革命 罢工 失业

开幕 闭幕 谈话 放火

(8) 名词性成分和动词性成分或形容词性成分按照主语—谓语关系类型构成名词:名词+动词→名词,名词+形容词→名词(它们组合的形式类型为 $N_{(V)}V>N, N_{(V)}A>N$)。

例如：

地震 海震 夏至 冬至

兵变 命薄 头痛 日食

月食 海啸 春分 秋分

日出 耳鸣 头晕 位移

笔误 堤防 色散 民主

需要注意的是,根据上述构词方式构成的名词可以附加词缀,因此出现了一种附加的构词。词缀或半词缀成分在一定程度上失去了自己构成合成词的词汇意义,而起了词缀或附加成分的作用。这样词缀既可以构成新词也可以用于构成词的新形式。"子、儿、头"它们都是标志名词属性的词缀,它们是构词能力最强的。

例如:

气炉——气炉子

汽水——汽水儿

需要注意的是,在上面的例子中,词缀的添加是可选的,因为它不会改变词语的意思,而只会影响它的形式。相比之下,吃喝儿＝吃＋喝——饮食,即食物、食品,与上述例子有所不同。

关于词缀的更多细节将在第七章中讨论。

2. 动词的类型

(1) 动词性成分按照逻辑关系构成动词:动词＋动词→动词(它们组合的形式类型为 $V_{(I)}V>V$)。

例如:

搜集 探索 收拾

这是复合动词中数量最多的类型,尤其是在成分之间具有同义关系的情况下。

(2) 按照限定关系构成的动词类型比较少,并且中心成分应该是动词,涉及的第一个成分可能是动词、形容词或名词。动词成分和名词、形容词、动词按照限定的关系类型构成动词:名词＋动词→动词,形容词＋动词→动词,动词＋动词→动词(他们组合的形式类型为 $N_{(I)}V>V, A_{(I)}V>V, V_{(I)}V>V$)。

例如:

电贺 免脱 暗示 捐助

(3) 在其他动词构词类型中,最常见的类型是动词性成分和名词性成分根据动作—客体关系类型构成:动词＋名词→动词(它们组合的形式类型是 $V_{(III)}N>V$)。

例如:

伤心 分类 谈心

(4) 动词性成分和动词性成分、动词性成分和形容词性成分按照动作—结果类型构成动词:动词＋动词→动词,动词＋形容词→动词(它们组合的形式类型为 $V_{(IV)}V>V, V_{(IV)}A>V$)。

例如:

推翻 改善 扩大 提高

(5) 名词性成分和动词性成分按照主语—谓语关系类型构成动词:名词＋动词→动词(它们组合的形式类型是 $N_{(V)}V>V$)。

例如：

心疼

3. 形容词的类型

(1) 形容词性成分按照逻辑关系构成形容词：形容词＋形容词→形容词（它们组合的形式类型为 $A_{(II)}A>A$）。

例如：

贵重　懒惰　新鲜

空虚　安静　奇怪

这种情况主要发生在同义和联想成分的构成。它们的意义相互重合，为的是更具体、准确。

(2) 名词性成分和形容词性成分按照主语—谓语的类型构成形容词：名词＋形容词→形容词（它们组合的形式类型为 $N_{(V)}A>A$）。

例如：

嘴硬　心窄　心宽

年轻　耳聋　命薄

(3) 名词、形容词、动词性成分和形容词性成分按照限定类型构成形容词：名词＋形容词→形容词，形容词＋形容词→形容词，动词＋形容词→形容词（它们组合的类型为 $N_{(I)}A>A, A_{(I)}A>A, V_{(I)}A>A$）。

例如：

天真　暗红　飞快

◆ 检测题

(1) 你所知道的汉语构词方式有哪些？哪种是最基本的构词方式？

(2) 复合词的构词结构包括什么？就其语法性质而言，附加法的组成部分是什么？

(3) 你所知道的组合成分之间的语法关系类型有哪些？

(4) 你所知道的组合成分之间的语义关系类型有哪些？

(5) 名词的构成类型有哪些？哪一种类型是构词能力最强的？哪些类型只可以构成名词？

(6) 动词的构成类型有哪些？

(7) 形容词的构成类型有哪些？

◆练习题

(1) 请列举按照限定关系类型构成的名词的例子。
(2) 请列举按照逻辑关系类型构成的名词的例子。
(3) 请列举按照动作—客体类型构成的名词的例子。
(4) 请把下列词语翻译成俄语并指出它们的关系类型：

开幕　汽水　来人
放火　地震　白菜
消费　大门　红榜
黄瓜　黄金　黑板
雪车　电梯　市民
食管　火箭　白铁
红血　白糖　树叶子

(5) 举一些两个反义形容词构成的名词的例子。
(6) 举一些按照动作—结果类型构成的动词的例子。
(7) 举一些按照逻辑关系类型构成的形容词的例子。

第五章 联合关系的构词类型

学习目标	了解联合关系复合词的构词类型
学习提纲	（1）复合词的本质及其出现的原因 （2）语义关系的类型 （3）语义关系和组合的顺序

一、复合词的本质及其出现的原因

前一章中我们从成分之间的语法关系可以看出联合关系的构词类型特点。这一章我们主要研究在语义方面联合关系类型的构词特点。在这里，将对语义特征进行详细的分析，并进一步指出下位类型。需要指出的是，这些复合词组合关系也被称为联合关系（这个名称来自拉丁语的称呼"копула"——成对的）。

联合关系是建立在并列关系基础上，由基本的词汇单位紧密结合构成的。它联系着句法和语义相同的词汇单位，是统一的整体。这些复合词可以是名词、形容词、动词。

许多语言在本质上（突厥语、印度语、乌格拉—芬兰语）都有这种现象，其中包括汉语。

从这个关系上可以看出，俄语中这种结构类型是无构词能力的，而且这种结构类型往往出现在与"命运"或"道路"相关的民俗类词语中。例如，用"面包和盐"指代"酒宴"，在俄罗斯送给客人面包和盐，是最隆重的一种待客之礼，以示欢迎。

汉语复合词中联合关系构词方式不仅在民俗和艺术文本中很普遍，而且在科学、社会政治词汇中也普遍应用。报纸词汇材料显示，联系关系复合词占其中所有其他类型复合词的33%。这可以通过以下事实来解释，因为这一类型的词汇能够满足说话人顺利沟通、清晰表达的现实需要。同时，词义通俗易懂便于听话人理解和聆听。

联合关系复合词的产生主要是与多义现象和同音同形现象紧密联系在一起的，并造成了汉语这种孤立语类型的特点。众所周知，古汉语的单音节词数量占优势,单音节词经常比其他复合词更常见。现代汉语中的多义词是最常见的,此外,由于音节数量有限,同音异义现象也普遍存在。

在汉语中存在"一词多义"和"同音同形异义"现象,因此对这种会产生歧义的词语,上下文在实现对词义的明确理解和阐明其含义方面起着非常重要的作用。联合关系可以看作是最小长度的上下文(一个二项组合),这个上下文对于消除多义现象和同音异义现象是必要和充分的。

这是在多义词的一个意义的基础上(或基于同音异义词一个意义的基础上),通过添加同义词、反义词、近义词或其他相关的语素并列形成联合式复合词。

首先构成联合式复合词的两个语素都可以自由使用,并且意义相近或相对,形成一个自由组合,因为经常使用的结果使它们变成了复合词、固定短语等词汇组合。组成成分的意义由以下两个因素决定:

1. 语义因素

组成成分按照语义轻重排列,语义的轻重按照尊卑有序排列:尊在前,卑在后;长在前,幼在后。

例如:

舅姑　哥嫂　爷娘
弟妹　子孙　伯仲

2. 语音因素

组成成分的声调顺序很重要,并列关系类型的成分通常根据相应的音调特征按照第一、第二、第四、第三的顺序排列。

词汇组合的成分意义之间的关系通常也称为语义关系或者一般关系。

二、语义关系的类型

复合词的成分意义之间根据语法关系,可以区分为以下主要类型的语义关系:

1. 总括关系

复合词的成分按照自身的意义可能是成分意义的总和。

例如:

父母　姐妹　雨雪
儿女　老小　手脚

这是一种语义关系,复合词的意义完全覆盖了其组成成分的意义。此外,它不包括复合词成分本身任何其他的相关含义,而只是综合了复合词两个成分中互为反义或同义的义项意义。

实际上复合词意义在这里和组成成分意义的总和相适合,但这不是简单的意义叠加,而是构成统一整体的词义聚合。复合词意义已经包含各组成成分意义,例如,父母不是简单的"父亲"和"母亲",而是"双亲、父母"。

复合词的组成成分建立在联合关系的基础上,其自身本义没有发生变化,词汇义是组成成分义的总括,因此也最容易理解。应该注意的是,联合关系在表示亲属关系的复合词中很普遍。

2. 集合关系,表数量、表概括

语义关系不仅是成分意义的总和,还可以概括它们。在后一种情况下,复合词是通用概念的名称,复合词的组成成分是特定概念的名称。通常这种关系形成具有概括性、抽象意义的集合名词类复合词。

例如:

子弟　禽兽　金玉　鸟兽

借助于这个关系构成种属概念这个名称。表示这些概念的复合词的语义范围比它们的组成成分更广。例如,家具、桌椅,除了"桌子"、"椅子",甚至还包含"柜子"、"长凳"等概念。"子孙",首先是"儿子"、"孙子",而后也可以是"曾孙"、"玄孙"等。通常这种关系形成具有概括意义的复合词,这是它与形成复合词之前的成分意义是有区别的。

3. 概括关系、总结关系,重新认识的相关性(重新理解、变义)

联合关系的成分意义通过聚合关系生成了新的词义,在这个过程当中他们的意义被重新认识,由具象指称意义到抽象指称意义。复合词具有了个人生活范围和表示社会现象的一般意义。

例如:

牛马　辛苦　眼目

面目　心血　薪水

辛苦,从味觉转移到另一个领域——情感转移。沉重的劳动,全身心的工作,沉重的、痛苦的(劳动);受苦,难受。可以重叠,说成"辛辛苦苦"。

联合关系之间借助于转义关系分出几组意义无理据的词(意义不能从构词成分字面义简单推断),它们的来源主要是和历史事实、神话、专门术语有联系的史料语句。

例如：

矛盾　规矩

在现代汉语中经常这样说：

没有这个规矩

守规矩

老规矩

明显的、通俗的概念比较好理解，引申意义是在基本意义的基础上历时地发展。例如，汉语也有这样的词：

风波

复合词的意义和成分意义之间由具象到抽象形成对应关系。在这种情况下，可以通过具体直观的画面来表达抽象复杂的现实关系。"风波"由表示自然现象，即"暴风雨"的来临，进而表示抽象的社会现象。最初的意义"暴风雨"和新的转义"事件"、"变故"之间有说话人所了解的某种类似之处，这就为名称从一个主体转移到另一个主体创造了先决条件。引申意义最初的发展是由在与社会生活现象有相似之处的比喻关系的基础上产生的。

还有一些情况是，汉语中意义发展的中间环节不能实现，而只能是以抽象方式总结概括意义。

例如，甘苦：①高兴和痛苦，譬喻变化无常的遭遇；②共甘苦。由此产生了新的意义："优点和缺点"，"兴趣，妙处"。

例如：

没体会这种工作的甘苦。

陶铸，详尽地分析一下这个词。"陶"和"铸"每个成分都具有"物理对象的处理"的语义特征，新的语义特征和教育领域相关，因此在成分意义重新认识的过程中最初的语义特征消失，而出现了新的语义特征。

4. 偏义关系（偏义词）

这种语义关系中，一个成分的意义吞没了另一个成分的意义。

例如：

兄弟　窗户　干净　眼睛

钢铁　园圃　忘记　好歹

偏义语义关系在现代汉语中占据着特殊的地位。在这种情况下，复合词意义只等于一个成分的意义，而另一个成分是附属的、次要的，完全丧失自己的词汇意义,而在词的语义中不起任何作用。应该指出的是,这可能是源于组合的第一个成分,也可能是组合的第二个成分。

5. 重合关系

顾名思义,这种语义关系将含义相同或接近的成分连接起来。这样第二个成分的意义与第一个成分的意义在某些层面意义重合。

例如:

互相　江河　奇怪
保卫　欺骗

6. 强化关系

例如:

辛酸　冷静　明白

"明白"这个词有几个含义:

(1) 明白的,清楚的。例如,他讲得十分明白。

(2) 明白,知道。例如,我心里全明白。

这个词由表达具体直观意义的"明"和"白"构成。在这些意义的基础上,产生了其他更普遍、更抽象的意义,复合词的意义也发生了变化。

7. 对立范畴关系

为了表达"范畴、无条件、无论如何"的概念,汉语中使用了反义词。

例如:

反正　早晚

这种由两个形容词构成的动作方式副词,它们经常会出现在这样的上下文中。

例如:

反正去不去都是一样。

你别着急,反正不是什么要紧的事。

早晚要你照顾我。

"早晚要你照顾我",按照字面上的意义是早上和晚上,从早到晚。后来"早晚"这个词发展出"不断地"、"在任何情况下"、"在这个或其他时间"的意义。

8. 补充说明关系

例如:

讨论　教育　劳动　依靠

这种类型复合词的意义比组成成分意义更宽泛,它们互相说明、互相补充。

9. 动作的相关性与具体化关系

例如:

裁缝　编辑　书记

开关　买卖　来往

借助于这个关系可以构成:

(1) 行为动作的人的名称,他们的职业、专业。

裁缝:发出动作的人"裁"和"缝",即"裁"和"缝"的人。

(2) 行为动作的对象名称。

开关:一个可以用来开关的物品。

(3) 具体动作的名称、概括其动作(状态)的特征。

买卖:交易。

10. 量的参数关系

汉语中物量的名称来源于参数高低的名称——量的值。参数名称的形式可以是"参数程度高的形容词+参数程度低的形容词"。

可以假设,这样的概念产生在还没有时间、距离、重量、长度和密度等单位的时候。距离是由"远"或"近"两个概念确定,重量单位由"轻"或"重"两个概念确定。在其他的语言中,参数名称也有由这样的反义集合构成的语义结构,虽然,它们可能没有像汉语那样得到广泛传播。

例如:

轻重　深浅　大小

高低　宽窄　肥瘦

厚薄　好坏　疏密

有意思的是,"轻重"这个词还有词义的引申。

例如:

轻重倒置

权轻重

轻重工业

这样,最初在基本意义(重量大的)的基础上引申出"重要的"意义。

重视——轻视

三、语义关系和成分顺序[①]

在复合词中,词序也是构成词汇义的重要语法手段。当一个成分准确具体地说明了另一个成分的意义时,这时成分位置是自由的。

例如:

讲演——演讲

样式——式样

阻拦——拦阻

合适——适合

互相——相互

代替——替代

空虚——虚空

迁移——移迁

紧要——要紧

从以上所举的这些例子可以看出,成分顺序的语义关系的相关性是经常发生在成分是同义词的情况下,成分是反义词的这种情况比较少见。例如,"来往"和"往来"。

但是大部分情况下语义关系都是和成分顺序相联系的。成分顺序的作用可以用合成词的例子来说明,成分内容相同,但它们的顺序不同,在汉语词汇中这样的词不少。改变成分的位置可以导致意义的变化,而这种关系的类型可以保留形式,其中一个组成成分意义在语义上变得至关重要,承担主要的核心语义。

例如:

兄弟——弟兄

在第一种情况下存在语义吸收关系。成分位置的改变产生新词和新的关系。成分顺序的改变可能发生的不仅仅是关系的改变,也可能是关系类型的改变。

例如:

车马——马车

军民——民军

在第一种情况下,随着成分顺序的变化,出现了概括关系,而不是集合关系(这

[①] 本教材讨论了根据组合类型形成的复合词的主要语义关系。有关此类型的所有关系的更多详细信息,请参阅谢苗纳斯的《现代汉语词汇学》,1992(155—166).

个关系将在第六章讨论),在第二种情况下,聚合关系替代了概括关系。以上这两种情况下,聚合类型的关系都变成了限定关系。

◆检测题

(1) 并列关系的复合词在语义结构方面有哪些特点?比较这种并列关系复合词在俄语和汉语中的构词能力。

(2) 如何解释汉语中语义聚合的广泛分布?

(3) 语义聚合中的成分顺序是如何确定的?

(4) 什么是语义关系?

(5) 说出你所知道的限定关系的语义关系类型有哪些?

(6) 什么是总括关系?

(7) 对组成成分意义的重新思考是在什么关系下发生的?

(8) 重合关系的特点有哪些?它和什么样的成分有关系?

(9) 如何利用限定复合词表达"范畴"、"必然性"这些概念?

(10) 像"长度"、"高度"、"深度"、"尺寸"、"厚度"这样的物理量的称名是怎么构成的?

(11) 组成成分的顺序和语义关系有怎样的联系?在什么样的情况下允许成分的自由排序?

◆练习题

(1) 把下列复合词翻译成俄语并指出组合成分之间的语义关系:

父母　姐妹　儿女

夫妻　兄弟　子孙

(2) 举几个词义发生转化的复合词的例子。

(3) 把"陶铸"翻译成俄语,它的原义是什么?它的语义特点有哪些?复合词义与组成成分之间的语义关系是什么?怎么命名?

(4) 把下面的复合词翻译成俄语并解释他们的内部形式:

裁缝　领袖　骨肉

出纳　是非　左右

锻炼　针线　规矩

爪牙　手足　江河

岁月　网罗　笔墨
天地　见闻

(5) 指出下列复合词的关系类型：

雨雪　钟表　矛盾
儿女　大小　早晚
老小　长短　日夜
军民　规矩　好坏

(6) 把下列词语翻译成俄语并说一下它的成分和复合词的意义：

东西　组织　可能
互相　存在　需要
错误　消息　阻碍
边境　援助　代表
人民　目标　工作

(7) 把下列复合词翻译成俄语并指出成分之间的语义关系：

样式——式样

阻拦——拦阻

合适——适合

互相——相互

迁移——移迁

展开——开展

空虚——虚空

负担——担负

来往——往来

紧要——要紧

代替——替代

第六章　复合词的语义关系类型

学习目标	了解复合词不同结构关系的语义类型
学习提纲	（1）偏正关系类型复合词的语义关系 （2）偏正关系、动宾关系、动补关系、主谓关系 （3）成分顺序和组合意义

一、复合词不同结构关系的语义类型

这一章主要是从语义关系角度考虑不同类型的词汇成分之间的关系。

这些复合词一般来说包括四种关系类型：偏正关系、动宾关系、动补关系、主谓关系。这些关系类型的复合词的语义关系非常多样化，它们中构词能力最强的是偏正关系类型，也是本章重点研究对象。如果在复合词中，两个成分都是中心成分并具有相同的语法功能，那么在偏正关系复合词中，只有第二个成分是主要的、中心成分。在大多数情况下，偏正关系复合词中成分之间的语义关系是在名词+名词形式的框架内实现的。

二、偏正关系复合词语义关系的种类

1."材料"关系

第一个成分指明第二个成分制作的材料或者由它构成的物品。
例如：
皮包　皮球　木箱　雪球
铁路　血肿　肉冻　鱼冻
果子冻　葡萄酒　苹果酱　铁皮箱

2."形貌"关系

第一个成分指明食物制作的材料，第二个成分指明它的外形。
例如：

肉丸　肉饼　肉片　面条

3. "部分与整体"关系

第二个成分是第一个成分的一部分或者属于第一部分。

例如：

牙根　书皮　血球　苹果皮

树根　手掌　鞋带　甘草根

4. "动作—客体"关系

第二个成分以第一个成分作为动作的客体。

例如：

石工　木工

"木"+"工"替换成分的具体意义得到复合词的意义"和木头打交道的人、细木工、家具工"。

再如：

茶农　瓦工　铁匠

这一系列可能延伸了有关职业的其他称呼。

例如：

铜匠　鞋匠　家具工

电工　珠宝匠

5. "种差"关系

第一个成分是第二个成分的物品种类，这个关系是集合关系的一个特例，在上一章节中详细地讨论了这个内容。

例如：

韭菜　青菜　松树　鲤鱼

鲩鱼　鲱鱼　蝗虫

这个构词类型的出现是和现代汉语双音节占优势有关，双音节词在听觉上更容易理解，除了表达新的含义外，还可以作为减少同音异义词的一种手段。

这种关系还包括以下这种特殊的情况，即第一个成分是语音借用词，第二个成分是通用词。

例如：

卡车　卡片　坦克车　吉普车

芭蕾舞　伦巴舞　探戈舞
啤酒　香槟酒　朗姆酒

6. "相似性"关系

第一个成分指明生存环境或范围,第二个成分含义与复合词词义具有外部相似性的关系。

这种关系具有非常强的构词能力。

例如:

海狮　海象　海豹　海牛
海星　木耳　河马　河豚

这种对周围动植物的比喻性名称在汉语中很普遍。

7. "外部形状特征"关系

复合词词义与第二个成分含义具有属种关系,第一个成分表示对象的外部形状特征,第二个成分表明第一成分的形状特征。第一个成分可以是单音节的,也可以是双音节的。

例如:

大街

当然,不是所有大的街道都是主要的,但是主街,也包括沿岸街,通常都有"大的"这样的特征。

可以把类似的复合词列入这一类。

例如:

大门　长臂猿　长颈鹿
大头菜　大提琴　大头针

"大头针"这个概念的形成过程可以用以下的方式阐释:"大头针"→"大"＋"头"＋"针"→"大头"＋"针"→"带有大头的针"→"大头针"。

在某些情况下,物品名称和构成种类概念的本质特征的选择,在很多情况下带有偶然性的特点。

例如:

带鱼

8. "隐喻"关系

这一类复合词所使用的构词成分往往具有明显的外部特征,组成复合词后用来表达与构词成分含义具有相似外部特征的另一类事物,采用隐喻的方式间接表达词义。

例如:

龙头　水银

天河　银耳

9."工具"关系

这种"工具"语义关系在以下类型中经常出现——"名词+名词"、"动词+名词"。能出现在这种语义关系类型中的名词和动词很丰富、变异性很大,并且有以下几种类型,第一个成分表明预先指定的对象或范围,第二个成分表明对象的质地或使用方式及工具等。

例如,对于牙齿有这样的一些用品:

牙膏　牙粉

牙刷　牙签

例如,对于鞋类护理,有这样的产品:

鞋油

例如,在中国寒冷的季节,有这样的用品:

热水袋　手炉　脚炉

例如,作为衣物或日常生活用品的装饰物:

袖套　耳罩

手巾　手镯

手套　手表

例如,作为防护(防雨、防风、防火)或装饰用品,第二成分表示防护作用或装饰外观:

雨伞　雨衣

雨鞋　风帽

例如,动作的实行,第二个成分表明第一个成分活动或动作所需要场所:

教室　浴室　卧室

食堂　澡堂

10."颜色"关系

第二个成分指明第一个成分所表示的颜色。

在汉语中,颜色名称体系非常丰富和形象化,这体现了中国人民生活的民族特色。因此,这种关系构词能力很强,它经常用在文学作品中,可以说这是作家的惯用手法。

例如:

银白　月白

在中国橘子是最常见的水果之一,这可以在色彩词中得到反映。橘子中"橘"这个成分可以用于三个色彩组合中。不熟的橘子果皮是绿色的,在这基础上就很容易地称为"橘色",即未成熟的橘子皮所具有的颜色。

和橘色有关的另外两个色彩词为:

橘红　橘黄

绿色在自然界具有各种不同的色调类型,这个组合类型在词汇中表现为:"草绿"→"草"+"绿"→"浅绿色",也就是"绿而略黄的颜色"。

这个词的同义词是"绿色"和"军色"的词汇组合,看一下它们的详细解释:"军绿"→"军"+"绿"→"保护色"。"保护色"即部队制服衣服的颜色。

表示颜色的复合词的第一个成分可以是双音节的。

例如:

橘黄色　天蓝色　银白色

菊花青　鸡血红　鸭头绿

在后三个例子中,词汇成分的组合有两种位置关系:第一类关系是第一个成分和第二个成分有"整体—部分"关系("菊"—"花","鸡"—"血","鸭"—"头")。第二类关系是两个成分同第三个成分首先都具有"颜色"义(青色、红色、绿色)。在这三种情况下,第一个双音节成分和第二个单音节成分通过偏正关系构成。

一般来说,三音节复合词的出现,即第一个成分是双音节,第二个成分是单音节,是近几十年来才有的现象。

例如:

鱼肚白

在用途关系的情况下,第一个双音节成分由偏正结构或是动词—客体这两种类型构成。第一个成分和第二个名词性的成分按照偏正关系的类型构成。

第一个成分具有限定关系。

例如:

手提包

第一个成分具有系联关系。

例如：

谈判桌　游泳池

第一个成分内部是反义关系。

例如：

升降机　升降梯

第一个成分有动作—客体关系。

例如：

更衣室　写字台

护田林　护路林

语义关系按照自身构词能力的大小来区分。有些关系具有较强的构词能力，产生了一系列的词，但个别情况下有时也会遇到一些特殊的关系。例如，"车前"可以认为是特殊关系的例子，字面意义为"车的前面"。而另一个意义，"车前"即车前子，多年生草本植物，叶子长卵形，花淡绿色，结蒴果，这是一种非常常见的长在车经过地方的一种植物。通过比较看出，这种植物的俄语名称可以用"沿着车走的路可以见到它"来指明含义。第二个成分在组成成分中和第一个成分在外形上有相似之处，这种关系的构词能力很弱。

例如：

鸭舌帽

鸭舌形的帽子，用外形特征凸显主要成分意义。

三、在组合中语义关系和其他的关系类型

限定关系和系联关系这两种类型同样具有很强的构词能力，复合词的大部分都是按照这种类型构成的。另外三种关系类型比较少见。

1. 动作—客体关系类型

1) "空间范围"相关

第一个成分指明动作，第二个成分指明动作发生的空间范围。

例如：

跳水　登山　航海　航空

滑冰　游水　渡河

2) "工具"相关

第二个成分指明第一个成分动作所使用的工具。

例如：

磨石　剃刀　剪刀　劈刀
跳板　跳伞　跳马　渡船
炒锅　请帖　蒸笼　烙铁

2. 动作—结果关系类型

1)"原因/结果"相关

第一个成分表示具体的动作，第二个成分表示由第一个成分动作产生的结果。
例如：

推翻　破坏　压缩

2)"程度/结果"相关

第一个成分表示具体的动作，第二个成分表示由第一个成分动作导致的程度。
例如：

延长　改正　充实
说清　扩大　补充

3. 主体关系类型

"状态"相关。

第二个成分表明由第一个成分产生或经受的状态，第一个成分通常是指身体的一部分。
例如：

脸红　鼻炎　头昏
眼红　头疼　耳鸣

第一个成分也可以指自然现象。

地震　海震[①]

四、成分的顺序和组合意义

按照偏正关系类型构成的复合词有如下特点。成分顺序的改变可以改变语义关系类型，相应地最重要的是整个复合词的意义也发生了变化。

[①] [В данном пособии рассмотрены основные семантические реляции, присущие лексическим комплексам с неравноправным типом связи. Более подробно о всех реляциях этих типов см. Семенас А. Л. "Лексикология современного китайского языка". М/. "Наука", 1992, С. 166—Ч85.]

例如,第一个成分表明了第二个成分的特征:

黄金　金黄

这一类的复合词往往成对出现:

白银——银白

绿豆——豆绿

黄土——土黄

黄蜡——蜡黄

在第一种情况下第一个成分表明颜色,是主要的,第二个成分表明物体,成分之间有以下的语义关系:第一个成分表示颜色的程度,第二个成分表示具有这种颜色的物体。

随着成分顺序的改变,语义关系也发生相应的变化,出现了新的情况——第二个成分指明第一个成分所表明物品的色调。上述所举的例子中,成分位置改变会引起整个复合词意义的变化。

其他类似的例子:

火炉——炉火

油菜——菜油

"油菜"是一种用来生产油的植物,种植的目的是获得油。成分通过目的关系连接,随着组成成分顺序的改变,我们得到新的关系:"菜油"="菜"+"油"。"菜油",在这个复合词中,成分通过"材料"关系连接起来。第二个成分是从第一种成分指示的材料中提取的(菜油——一种从蔬菜中提取的油)。

此外,还包括以下的例子:

人工——工人

刷牙——牙刷

"刷牙"和"牙刷",成分位置改变构成了不同的复合词。

在这里动作—客体关系类型的改变出现了限定的类型,得到了新的语义关系。

观察上面的例子,这个组合关系取决于成分的顺序。这个规律通常都可以观察出来,但是这些规律也有一些例外。

例如:"熊猫"="熊"+"猫"→"吃竹子的熊猫";"猫熊"="猫"+"熊"→"吃竹子的熊猫"。这个复合词的构成借助于比拟关系,属于动物学术语,它们的存在可以这样解释,在相似的基础上很容易想起熊和猫这样动物的外在特点。当然,意义上的相似,有的是语义上的,有的是文体风格相一致。这样的例子在汉语中为数不多。

◆ 检测题

（1）你所知道的偏正关系的复合词有哪些类型？
（2）复合词中哪些类型是构词能力是比较强的？
（3）你所知道的偏正复合词的语义关系的类型有哪些？
（4）"材料"关系的特点有哪些？
（5）"外部形状特征"关系的特点有哪些？
（6）"种差"关系的特点有哪些？
（7）描述一下"颜色"关系的种类。
（8）你所知道的"动作—客体"关系类型的复合词有哪些？请把它们写出来。
（9）"动作—客体"关系类型的复合词中可以出现哪些关系？
（10）成分顺序在复合词中的作用及其对语义关系和组合类型的影响。

◆ 练习题

（1）举几个"颜色"关系的复合词例子。
（2）"皮包"这个复合词的组成成分之间是什么语义关系？例举一些相同类型的复合词。
"公文包"这个复合词的组成成分之间是什么语义关系？列举几个相同类型的复合词。
（3）举出第一个成分表示第二个成分形状、形态的复合词的例子。例如，带鱼。
（4）借助于语义关系从组成成分推断以下的复合词的整体意义：

牙膏　牙粉　牙刷

雨伞　雨衣

（5）举几个"部分与整体"语义关系复合词的例子。
（6）举几个"材料""形貌"语义关系复合词的例子。
（7）请把"滑冰"和"滑雪"翻译成俄语，并指出组成成分之间的语义关系。你还知道哪些词是按照这种关系构成的？
（8）利用"颜色"关系把下列俄语翻译成汉语：

сливочное масло

классная доска

оцинкованное железо

огурец

день

ночь

золото

(9) 把下列复合词翻译成俄语并指出成分之间的语义关系：

雨衣　雨帽　雨鞋

雨伞　雨具

(10) 把下列复合词翻译成俄语并指出成分之间的语义关系：

抓紧　改正　说清

延长　充实　放松

(11) 把下列指明身份、从事某种动作主体的职业身份的"动作主体"关系的复合词翻译成汉语：

сапожник

медник

кузнец（мастер по железу）

каменотес

плотник

столяр

рисовальщик

маляр-живописец

чабан（овчар）

крестьянин-чаевод

электрик

мёбельщик

第七章　词缀构词法

学习目标	了解汉语词缀构词法的本质
学习提纲	（1）汉语词缀的位置 （2）最常用的后缀 （3）最常用的类词缀

一、汉语词缀的位置

近年来，传统汉语构词法的构词能力日趋减弱。有一种构词方式呈增长趋势，它不是通过将具有词汇意义的成分连接在一起而形成的，而是通过将具有词汇意义的成分与完全偏离其原始含义或带有残余词汇意义的成分组合在一起构成复合词。

语言有自身的词缀构词法方式。词缀构词法主要是通过词缀和有实在意义的词组合构成。词缀是带有语法意义的语素，在语言中词缀没有超出词，它起构词和形态的作用。如果构词法是创造新词，那么形态就是构成一个新词或是同一个词的不同形式。在汉语中形态作用是比较弱的，比如形容词的短尾和长尾形式：

红——红的

慢——慢慢地

词缀本身包括前缀、后缀和类词缀。前缀位于汉语词的开头，例如，第——序数词前缀。

二、后缀

后缀位于汉语词的末尾，它是汉语构词法中构词能力较强的成分。汉语词中，常用的后缀有七个：头、子、儿、者、的、手、家。

1. 后缀"头"

借助于"头"这个后缀可以构成或表达具体的、或表示抽象概念的词。后缀

"头"在复合词实际读音中一般读轻声。

1) 后缀"头"表示具体的概念

例如：

舌头　枕头　骨头　瓦头

馒头　指头　斧头　锄头

石头　砖头　木头　日头

上面的例子表明，"头"这个语素失去了最初的词汇意义，发生词汇化——也就是词转换成词缀的过程。

"木头"这个词不指"树木的头"，"头"在这个词中没有自己的词汇意义，而只是充当构词词缀，起语法作用。在"木头"这种构词的例子中，"头"的词汇意义已经消失，它只是参与"双音"构词，双音节形式的词中的"木"在现代汉语中不能独立使用。

后来，后缀"头"开始用于表示与其原词义无关概念的词中。"头"这个词进一步语法化——失去了它的词汇独立性，只是起到辅助意义功能。

2) 后缀"头"表达抽象的概念

例如：

甜头　苦头　听头

看头　玩头　想头

念头　赚头

2. 后缀"子"

这是构词能力很强并且构成名词频率较高的词缀，它可以与各种构词成分组合。

1) 具体的名词性成分＋子→名词

例如：

孩子　刀子　本子　桌子

条子　帽子　村子　金子

银子　法子　日子　树林子

像"孩子"、"帽子"的"孩"和"帽"是不能独立使用的，尽管在历史上它们是可以单独使用的词。

像"老头子"、"树林子"这些词也可以是双音节的，如"老头"和"树林"，在这种情况下，添加后缀不会改变词的意义。

后缀"子"和双音节词组合,这是现代汉语的一种趋势,由此可以构成口语化的词。

后缀"子"和具体的名词性成分组合,在有的情况下意义变得更加抽象。

例如:

路子——走私人的路子

面子——丢面子

2) 形容词性成分+子→名词

例如:

胖子 瘦子 黑子

3) 动词性成分+子→名词

例如:

刷子 拍子 礤子

推子 夹子 剪子

在上面的例子中,第一个成分表示动作,借助于后缀"子",可以组成双音节词和三音节词。

3. 后缀"儿"

后缀"儿"和它相邻的语素连接起来构成一个音节,它具有以下的功能意义。

1) 构形

在这种情况下,构成名词的形式经常加上前缀"小"。

例如:

小狗儿 小猫儿

小孩儿 小刀儿

2) 构词

在这种情况下,由动词或形容词性成分加后缀"儿"构成名词。

例如:

唱——唱儿

画——画儿

亮——亮儿

零碎——零碎儿

4. 后缀"者"

它在构词成分系统中占有特殊的地位,"者"起源于中国古代文学语言,这个词缀有非常强的构词能力,它的使用范围很广。

"者"最初的意义是"某人(文言文中构成动作主体的句法虚词)"。

例如：

仁者安仁,知者利仁。

为此诗者。

后缀"者"可以构成指人的名词,在现代汉语中用来指称特定人群的词语有很大一部分是由"者"构成的。在这种情况下,它能和表示行为动作主体的动词性成分构成名词。

例如：

作者　读者

作为复合词的固定后缀可以有这样类型的词。

例如：

消费者　侵略者　吸烟者　围观者

但是,这个后缀和名词性成分构成的名词已经不再表示最初的意义"这个人"或"那个人"了,只是一个带有一般群体特征意义的人。大多数情况下,它和后缀或类词缀的"主义"或"运动"组合构成名词。

例如：

资本主义者　登山运动者

花样运动者　手工业者

5. 后缀"的"

在通常情况下,后缀"的"和双音节成分组合,构成动作—客体关系类型。

例如：

引水的　看门的　开车的

站岗的　说书的　送信的

有时后缀"的"还可以和三音节动作成分组合,构成动作—客体关系类型。

例如：

种庄稼的　倒垃圾的

说评书的　站柜台的

后缀"的"和单音节成分组合的这种情况,数量就比较少。

例如：

男的　女的

6. 后缀"手"

这个后缀构词能力比较强,借助于后缀"手"可以构成表示具有实践技能和能力的职业身份的名词。后缀"手"可以和单音节和多音节的成分构成复合词。

1) 单音节成分构词

(1) 动词性的。

例如:

画手　猎手　吹手

(2) 名词性的。

例如:

炮手　号手　歌手　水手

(3) 性质的。

后缀"手"和形容词成分组合表明成分的性质特征。

例如:

新手　高手　生手　老手

2) 多音节成分构词

例如:

坦克手　狙击手　测高手

赛车手　板球手　拖拉机手

后缀"手"和两个或三个组合成分按照名词—动词这样的模式组合成复合词。

例如:

距离测定手　反坦克歼击手

在后一种情况下,词的开头加入一个前缀"反"。

后缀"手"可以构成一连串的词,例如,机关枪手、摩托车手、高射炮手。在其组合中组成成分自身具有生成性,相应地"机关枪"、"摩托车"、"高射炮"都可以独立存在。

7. 后缀"家"

一般来说,后缀"家"的词汇意义是"房子,家庭"。作为名词的构词后缀,它已经失去了自己的词汇意义,完全语法化了。

后缀"家"按照职业或专业构成各种不同身份的称呼,这些称呼通常是在科学、文学、艺术、体育等领域,通常表示属于特定职业类型的那一类人。构词成分和后缀"家"可以按照固定的模式和单音节、多音节成分组合,最终可以构成双音节、三音节、四音节和更复杂的结构。

1) 单音节派生成分模式

(1) 名词。

例如：

道家　儒家　法家

史家　船家

(2) 动词。

例如：

作家　画家

(3) 形容词。

例如：

专家

2) 双音节引申成分模式

(1) 名词。

例如：

资本家　银行家　理论家

音乐家　散文家　运动家

构词成分"学"和后缀"家"构成的表示"学者身份"意义的这种类型有很强的构词能力。这种类型在数量上只是相对于"学"这个词有限，"家"所构成的词迄今为止已知的数量一般情况下取决于当今科学研究领域的学科分类，并在语言中自由地起作用。

以下三音节词根据这种模式构成。

例如：

科学家　文学家　数学家

(2) 动词。

例如：

侦探家　观察家　活动家　批评家

(3) 限定动作关系模式。

例如：

独奏家　独唱家

3) 三音节派生成分类型

例如，四音节词：

生物学家　语言学家

4) 四音节派生成分类型

例如,五音节词:

生物化学家　金石研究家　政治活动家
社会活动家　五项运动家　登山运动家

三、类词缀

除了后缀之外,汉语词中常用的词缀还有类词缀。它带有一定的词汇意义,表明这个词所属的领域和范围。

1. 类词缀"员"

"员"的本义是"官员、职员",这是它在古汉语中的意义。在现代汉语中它和名词性或动词性成分组合构成名词,表明职务、职业身份或者隶属于一个组织、政党、团体、集体等。

例如:

党员　团员　委员　教员　演员
侦探员　通信员　驾驶员

2. 类词缀"士"

它与动词性或名词性成分组合构成名词。

例如:

学士　护士　博士　勇士

3. 类词缀"匠"

"匠"的本义是"能手、工匠、专家",构成表示职业专家的名词,意义为"工长"、"专家"、"手工业者",与单音节成分构成限定关系的复合词。

例如:

铁匠　木匠　皮匠　瓦匠

"大匠"这个词中"匠"这个成分不是类词缀,它有自己的词汇意义——"能手",整个组合有"伟大的工匠"这个意义。

4. 类词缀"度"

最近,"程度"这个词的已经转变为"量度、程度、水平"等具有表征的含义。类词缀"度"带有尺度、程度大的特征。

速度　高度　长度　密度　厚度

选择度　对比度　可见度

以上这些例子表明,带有类词缀"度"的双音节成分可以构成动词和形容词。

由类词缀"量"、"率"构成的成分占有一定的比例,这类词缀有很强的构词能力,可以构成一系列词语。

5. 类词缀"量"

它和带有"尺度"、"容量"意义的构词成分组合构成名词。

例如:

质量　容量　储备量

6. 类词缀"率"

它可以和带有"相对程度"、"尺度"、"比率"等意义的成分构成名词。

例如:

功率　曲率　斜率　速率

散热率　生产率　完成率　死亡率

7. 类词缀"心"

它的本义是"心脏"、"思想"、"情感"。类词缀"心"与构词成分组成名词和形容词,经常修饰单音节性质形容词,构成抽象意义的名词。

例如:

热心　耐心　诚心

嫉妒心　求知心　慈悲心

8. 类词缀"化"

词缀"化"和一些表示性质的形容词性成分或名词性成分结合,构成动词和动名词。

例如:

绿化　深化　老化

机械化　合作化　军事化　现代化

规范化　青年化　专业化　革命化

有自身的词汇意义的词也可以充当类词缀,放在词尾。因此,树木的名称几乎总是由构词成分与类词缀"树"组合而成。

例如：

松树　桦树　橡树　桃树

各种职业类别的人的名称通常也是由包含表示职业含义的成分与"人"组合而成。

例如：

工人　军人　商人

猎人　法人　犯人

◆ 检测题

(1) 什么是词缀？词缀的构成方式有哪些？

(2) 最常用的后缀有哪些？

(3) 最常用的类词缀有哪些？

(4) 借助什么后缀可以组成表达具体或抽象概念的词？

(5) 构成名词的最常用的后缀有哪些？

(6) 中国古代文学语言中出现的后缀有哪些？

(7) 表示职业身份的名词是由什么后缀构成的？

(8) 什么样的后缀具有"房子"、"家"这种特殊的词汇意义？

(9) 哪些类词缀具有"能手"这样的词汇意义？

(10) 借助于类词缀"度"可以表达怎样的概念？

(11) 哪些类词缀具有"心脏"、"思想"、"情感"这类词汇意义？

(12) 哪些类词缀在构词中保留了它们的词义？

◆ 练习题

(1) 写出十个带后缀"头"的词。

(2) 举例说明后缀"子"如何组成双音节词，例如"孩——孩子"。

(3) 写出十个带有后缀"儿"的词。

(4) 请用词缀"者"与下列动词性成分构成复合词并将其翻译成俄语：

消费　创意　管理　工具制造

文艺工作　围观　幸运　不幸

共产主义　抵抗　支持　参观

素食　创业　旁观　投资　访问

(5) 请用后缀"的"与下列成分构成派生词,并把它们翻译成俄语：

信教　送报

(6) 把下列借助于后缀"手"构成的词翻译成俄语：

助手　舵手　好手　能手

(7) 请借助于后缀"家"把下列词语翻译成汉语：

работник искуства　политик

географ　геолог

(8) 请把下列词语翻译成俄语：

运动员　演员　职员

炊事员　指挥员　战斗员

(9) 请把下列词语翻译成俄语：

医士　护士　战士

(10) 请用后缀"匠"把下列词语翻译成汉语：

штукатур　скрипичный мастер　кузнец

(11) 请用词缀"度"与下列成分构成复合词并翻译成俄语：

深　温　湿　密

(12) 请用词缀"量"与下列成分构成复合词并翻译成俄语：

重　容

(13) 请用类词缀"心"把 решительность 翻译成汉语。

(14) 请用类词缀"率"与下列的成分来构成复合词：

税　效

(15) 请用词缀"性"与下列成分构成复合词并翻译成俄语：

实用　科学　趣味　老年　历史

(16) 请用词缀"化"与下列成分构成复合词并翻译成俄语：

神秘　人道　多样

个体　商业

(17) 举几个借助于类词缀"树"构成的树木名称的例子。

(18) 借助于类词缀"人"把下面的俄语词翻译成汉语：

иностранец　хозяин　посрефдник

第八章 缩 略 词

学习目标	了解缩略词的结构
学习提纲	（1）缩略词的类型 （2）数量名称的简化 （3）中国台湾词汇中的缩略词

一、缩略词的类型

缩略词是由词、词组或更复杂的语言单位缩略而产生的。缩略词的出现使交流方式更方便、更经济，语言除去这些成分不影响意义，没有它们人们的思维理解也还像原来一样不会改变。

汉语缩略词——这是汉语词汇的特殊组成部分，不同于普通的词和词组，它可以作为一个整体进入到句子中，起到作为句子成分的作用。它的作用相当于词，但缩略词有自己对应的全称，它们的区别在于音节数目的不同。在必要时缩略词可以代替整个词而没有任何意义的改变。它的使用取决于时间和情况，因此它们区别于普通的词。缩略词多用于口语、专业词汇和术语中，体现经济、简洁的特点。

在政治和法律性质的公文、合同、声明书和报告中，缩略词使用的比较少。缩略词的构成趋势通常是保留最重要的信息成分。通用的缩略词，通常被收录到固定的词典中。它在单独的字典条目中，通常以全称的形式出现。

在语言使用中，由于遵循经济简洁原则，一些词语出现缩略形式，但是缩略词仍保留原有语义结构关系。所有的缩略词都可以分为简称和合称。

简称——这是合称脱落部分成分而构成的缩略词，这种类型的缩略词是由词组中每个词的部分音节构成。

合称——由相同成分组成的全称。

1. 简称

简称类型缩略词的成分结构类型与全称的相同。它们基本上按限定关系类型构成,但还发现了其他类型,有多种形式可以将全称转换为缩写形式。

(1) 第一种类型:第一个成分的第一个音节和第二个成分的第一个音节构成。

例如:

环保——环境保护

土改——土地改革

归侨——归国侨民

劳模——劳动模范

科研——科学研究

美展——美术展览

业大——业余大学

初中——初级中学

基建——基本建设

高干——高级干部

高校——高等学校

高教——高等教育

大学名称的简称大多数情况都是按照这种类型构成的。

例如:

南大——南京大学

北大——北京大学

可以从以上例子看出,限定关系类型的两个构成成分都是名词,第一个成分是确定的,具体地说明第二个成分的意义。缩略词的构成是脱落第二个和第四个汉字而保留第一个和第三个汉字。

如果全称是由三个成分构成,则缩略词是按照三个成分中的第一个音节合成的原则构成。

例如:

共青团——共产主义青年团

全运会——全国运动会

农展馆——农业展览馆

教研室——教学研究室

教研室可以单独使用,也可以与别的成分组合,如"哲学教研室"、"化学教研室"。

复合缩略词可以按照限定的关系类型构成。

例如：

科技——科学技术

文教——文化教育

展销——展览销售

复合缩略词可以按照动作—客体的关系类型构成。

例如：

节能——节约能源

扫盲——扫除文盲

支农——支援农业

增收——增加收入

支边——支援边境

挖潜——挖掘潜力

双音节的缩略词可以是缩减六个或七个音节组成。

例如：

普法——普及法律知识

纪委——纪律检查委员会

(2) 第二种类型：第一个成分的第一个音节和第二个成分的第二个音节构成。

例如：

节电——节约用电

能耗——能源消耗

普查——普遍调查

违章——违反规章

军属——军人家属

增产——增加生产

外长——外交部部长

以上这些合成缩略词的例子是建立在各种关系类型上的：限定关系、逻辑关系、动作—客体关系。

(3) 第三种类型：第一个成分的第二个音节和第二个成分的第一个音节构成。

例如：

民警——人民警察

书展——图书展览

川大——四川大学

(4) 第四种类型:第一个成分的第二个音节和第二个成分的第二个音节构成。

例如:

调号——声调符号

侨务——华侨事务

(5) 第五种类型:去除最后一个组成成分之外的所有成分。

例如:

公社——农村人民公社

红军——中国工农红军

卫星——人造地球卫星

(6) 第六种类型:保留属性成分(通常是第一个)。

例如:

有轨——有轨电车

无轨——无轨电车

复旦——复旦大学

清华——清华大学

南开——南开大学

王府井——王府井大街

(7) 第七种类型:使用带有序数词的缩略词形式指代全称。在缩略词中脱落指明序数的"第",但是数词是保留的。在这种情况下,可以直接颠倒成分顺序,但中心始终是数词。

①简称是按直接成分顺序的类型构成。

例如:

二外——北京第二外国语学院

二汽——第二汽车制造厂

②相反的成分顺序。

例如:

女二中——第二女子中学

第二女子中学不能缩减为"二女中",而只能是"女二中"。

2. 合称

合称类型的缩略词,可以按照以下类型构成。

(1) 第一种类型:意义相同的关系类型的词的组合。这种构成类型的缩略词包含了每一个成分的第一个音节。

例如：

亚非拉——亚洲、非洲、拉丁美洲

组成这一类型的缩略词的必要条件是这些词语义同质。第一种情况有共同的成分"洲"，它在缩略中省去了。

（2）第二种类型：两个特定成分与一个通用成分组合。在其组成中具有共同成分的两个词组合成一个复合词——每个词的第一个音节和一个通用音节组合。

例如：

工农业——工业＋农业

寒暑假——寒假＋暑假

伤病员——伤员＋病员

进出口——进口＋出口

青少年——青年＋少年

教职员——教员＋职员

指战员——指挥员＋战斗员

二、带数目的缩略名称

在现代汉语的社会政治词汇中，包含有数目的缩略名称使用很广泛，个别文章出现的此类词汇被收入到专门词典。这种带数目的缩略方式有很强的构词能力，第一个成分一般是数词"三"、"四"、"五"。

通常，它们指明社会经济成果和群众运动，20世纪的半个世纪即从中华人民共和国成立到八九十年代——改革开放时期不同时期宣传和思想上的特点。

例如：

三秋　三同　四同

数目复合缩略词的内部形式存在着系统的关系，例如："四旧"，它使用在词组"破四旧"中。有和它相对的缩略词"四新"，它使用在词组"立四新"中。比较"四旧"和"四新"使用的上下文可以看出它们的反义特点。它们是"确立——破坏"原则的对照。

像"四大"这样的组合意义要知道必须分析出"大"这个成分的意义，它是以下四个术语经过缩减之后共有的第一个成分。

大鸣　大放　大辩论　大字报

类似"四大"这样的缩略词有"四不"，它表示"四个不可以"。

"五"这个数词可以使用在术语缩减的成分中。

"五反",这个构成很容易从语音中感受到,在语言中广泛地使用,和"三反"相类似。

"五保户",也就是老、弱、孤儿、独身者和失去劳动能力的公社成员,保障他们食物、衣物、燃料、医疗服务和安葬体系。

近年出现了以下一些缩略名称。

例如:

双文明 四化 五爱

◆ **检测题**

(1) 汉语缩略词的特点有哪些?

(2) 缩略词的类型名称有哪些?

(3) 在缩略词的构成中,什么样的数字是最常使用的?

(4) 一般情况下,大学的缩略名称的构成模式有哪些?

(5) 什么类型的缩略词是构词能力最强的?

(6) 在什么情况下缩略术语的构词成分可以是正序和逆序的顺序?

◆ **练习题**

(1) 指出以下缩略词的全称:

环保 节能 外长 普查

增收 增产 违规

(2) 指出几个带有数目缩略词的例子并解释,写出它们的全称。

(3) 挑出下列词语的主要成分,写出全称的简短形式:

理科和工科

劳动模范

支援边疆

军人家属

寒假暑假

中国人民解放军

城市乡村居民

人造地球卫星

无轨电车

复旦大学

（4）把下列大学的全称和简称形式都翻译成汉语：

Финансово-экономический университет

медицинский университет

Педагогический университет

Сычуаньский университет

Университет Цинхуа

Уханьский университет

Заочный Университет

Хэйлунцзянский университет

（5）把下列俄语翻译成汉语的全称和简称形式：

Народно-освободительная армия Китая

отличник труда

земельная реформа

реформа письменности

охрана окружающей среды

баскетбол и волейбол

четыре модернизации

преподаватель начальной школы

легкая и тяжелая промышленность

（6）指出下列词语的缩略形式：

中华人民共和国民用航空公司

工业和农业

教员和职员

篮球和排球

土地改革

四川大学

第二女子中学

增加收入

普遍调查

秋收、秋耕、秋播

人民警察

历史地理

青年少年

农业展览馆

(7) 请指出以下术语的汉语缩略名称：

микроавтобус

политический университет

Академия сельскохозяйственных наук

Министерство внешней торговли

Педагогический университет

Женская средняя школа

第九章　汉语成语

学习目标	了解汉语成语的特点
学习提纲	（1）汉语成语的来源和特点 （2）成语的民族特色及特点 （3）谚语和俗语 （4）歇后语 （5）词典中的成语

一、汉语成语的来源

汉语词汇不仅包括词和固定词组，还包括成语（固定语）。它是词义上不可分割的，具有固定结构和完整语义形式，以四字结构居多的固定语。广义的汉语成语包括成语、惯用语、谚语、俗语、缩略语和歇后语。

汉语成语是保存在说话人的语言记忆中现成的词的组合，它描述某些风俗传统、习俗特性、历史事件和许多其他反映汉民族文化的事情。由于成语在其语义中包含有民族文化成分，因此它具有特定的民族文化属性。

许多成语出现在很久以前，从远古时代持续至今，发展到我们现今还保留着自己的形式。尽管它们的年代久远，一直沿用至今，也有一些新产生的成语，但是这两者都被社会所接受，为大家所熟悉，被广泛使用。它们形式凝练，蕴含恰当的比喻，富有幽默感，同时具有教育意义。

要了解成语的含义和正确使用成语，需要深入了解历史、传说和流传下来的历史传统。

成语"自相矛盾"起源于遥远的时代，当时中国人在战争中以矛和盾为主要兵器。战国时期楚国有一位兵器商人，他在市场上卖矛和盾。他的周围聚集了很多人，他拿出盾炫耀地说："我的盾是最坚固的，世上没有哪个尖锐的物品可以戳穿它！"所有人都专注地看他的盾。兵器商人又开始在人前炫耀他的矛："没有比它更尖锐的矛了，无论什么坚固的盾牌，它都可以刺穿！"这时人群中有一个人问他："如果用你的矛去刺你的盾,会怎么样呢?"兵器商人不知如何回答,拿起矛和盾走开了。后来成语"自相矛盾"就用来指"言行相悖"的意思。现代汉语中由"矛"和"盾"这两个成分构成了名词"矛盾",不考虑其来源(互斥、对立的现象和关系)。

还有一些成语,来自一直流传至今的民间口头传说。这是生活在8世纪中国唐代大诗人李白的童年故事,他五岁就开始读书识字,到十岁时已经熟读《诗经》和《书经》。他的父亲是一个富有的商人,童年时代李白经常读完书后就跑出去玩。有一次他在小溪边看到一个老婆婆正在磨铁杵,他感到好奇就问老婆婆在做什么。老婆婆回答,她想磨一根绣花针。李白想这样的铁杵怎么能磨成绣花针呢,就笑了。老婆婆严厉地对他说:"你笑什么? 只要你努力,铁杵也能变成针。"李白深深地向老婆婆鞠了一躬走开了。从这件事以后他开始勤奋地学习,后来李白成了著名的诗人。不用说,李白的勤奋成就了他,李白的这个故事也就流传下来,成为人们熟知的谚语"只要努力劳作,铁杵也能变成绣花针",后来就慢慢发展为"铁杵成针"这个成语。它所表达的寓意是"用顽强的毅力达到自己的目的","勤劳和耐心能克服一切"。

中国古代哲学家创作的鲜明生动的有教育意义的历史也是成语的来源之一,"塞翁失马"就属于这样的成语。"塞翁失马"出自《淮南子》,它讲述的是古时候有个人在长城哨所边放牧,有一天他的马跑到长城外,他没有注意到,他的马跑向了异族部落(蛮人地区)。亲人和朋友知道后都跑过来安慰他,而他的父亲——一个聪明的老人说:"马丢了或许是件好事。"过了几个月,这匹马想家自己跑了回来,还带回来了很多野马。

一些寓言也是成语的来源之一。例如,春秋年间,齐国大军在行军中迷路,找不到归途,便选了几匹老马,任其前行,最终带领大军走出困境。"老马识途"这个成语由此而来,它比喻"相信经验,许多有经验的人能很好地了解环境并能出色地完成任务。"

成语"拔苗助长(字面意义:拔出幼苗帮助它们长大)"出自《孟子》中的寓言故事。它讲述了宋国一个庄稼人觉得自己田地里的幼苗长得特别慢,于是他就把幼苗拔出来一点点,他认为这样就可以加快幼苗的成长,结果所有的幼苗都枯萎了。这个成语寓意为"过分热心"、"做得过火"、"不顾客观条件,急于求成反而坏事",可见这个成语有一定的消极意义。

还有一个成语"杞人忧天":周朝时,在今河南省境内有一个杞国公爵,他总担心天会塌下来,那样他就无法生活。这个成语的寓意是:没有根据、不必要的担忧。

如果人自身没有能力而只是依靠别人的庇护或别人的威力去吓唬、压制某些人,可以说"狐假虎威",这个成语来源于狐狸和老虎的寓言。有一天一只老虎出来寻找食物,他抓住了一只狐狸。狐狸说:"你不敢吃我!要知道我是老天派来的百兽之王,如果你吃了我就违背了老天的意志。如果你不相信我的话,我可以走前面,你跟在我后面,你看看有没有见到我不躲藏起来的野兽?"老虎信以为真,就跟在狐狸的后面走,野兽们看到了老虎就四处逃散。老虎不知道,野兽们怕的是它而不是狐狸,就相信了狐狸。非常有意思的是,汉语和俄语有些动物的寓意有巧合之处,"狐狸总是狡猾的"就是个例证。

许多其他的成语和谚语中也有关于老虎的,它象征着力量和强大。例如:

老虎头上拍苍蝇

老虎头上搔痒

二、成语的民族特色及特点

许多成语是与动物的神话世界有关。在中国文学中"龙"占据着无法比拟的崇高地位,外国人称中国是"伟大的东方巨龙",中国人称自己为"龙的子孙"。因此在汉语成语中有很多表述和龙紧密相关。龙是十二生肖的第五个动物。

神话中的龙——古代中国人创造性想象的神兽,它能呼风唤雨、上天入海。按照古代的信仰,龙——绿色的,草的颜色。他们想表达一个才华横溢的人就会说:"他就像一条龙。"成语"放龙入海"还有"给展示自己才华的一个机会"这样的意义。[①]

"龙生龙",也就是说,有个好父亲也就会有个好儿子。有意思的是,农历五月初五这一天会举行划龙舟比赛。在中国民间游园会展出的都是龙灯,跳的是火龙舞。

根据古代神话,龙王的宫殿位于大海和河流的深处。因此成语"龙潭虎穴"意味着"危险的地方"。汉语中"出龙潭又入虎穴",俄语与之相对应的表述"从火中出来又入火焰中"。两个势均力敌的对手之间的激烈斗争可以说"龙争虎斗"。

"龙"可以与"虎"和"不死鸟"比较。用龙来代表高等动物,用鱼和蛇来代表低等动物。在中国帝制时代,"龙"是皇帝和氏族的标志。皇帝乘的船被称为"龙船"。在古代自然哲学中"龙"是自然界男性的标志,是力量和长寿的象征。在中国男孩的名字中,"龙"字出现频率比其他的多。

中国古代有一个叫叶公的人,他很喜欢龙,经常画龙,但是他从来没见过龙。

---

① 在词典中"放龙入海"比喻放走敌人,留下后患。

而当一条真的龙从他的茅舍经过时,他吓得赶紧跑了。从此以后"叶公好龙"开始表示"喜欢某个从来没有见过的东西"、"仅仅是言语上喜欢"。

　　成语可以是中国民间口头创作的神话故事的再创作。传说有一个生活在南北朝时期的画家,有一次他在墙上画了四条龙,为了不让龙飞走就没有给它们画上眼睛。周围的人不相信这个人,请求他给龙画上眼睛。这时画家给两条龙画上了眼睛,只听霹雳一声,电闪雷鸣,墙塌了,画上眼睛的两条龙升上了天空,而没有画眼睛的龙还留在墙上。"画龙点睛"的成语由此而来。人们时常用这个成语来表示:"事情快要结束的时候最后的关键环节"。

　　还可以举一些成语的例子:

　　(1) 如果很暗,漆黑的看不见,那么中国人说"伸手不见五指"。

　　(2) 如果有的东西长得特别快并且数量比较多,就像雨后的蘑菇一样,那么汉语说"雨后春笋"。

　　(3) 如果很多人处在一个很挤的地方,连苹果都不会掉落下来,那么中国人说"水泄不通"或"摩肩接踵"。

　　(4) 如果一个人口是心非、假仁假义的,可以说"口蜜腹剑"。

　　(5) 如果两种现象不相容,相互排挤,或者人们之间的关系不好,可以说"水火不相容"。

　　(6) 如果人的眼光狭隘,视野比较窄,和普通人没有什么区别,这样的人可以说"井底之蛙"或"坐井观天"。

　　(7) 如果一个人没有什么出色的才能,很平凡,非此即彼,非鱼非肉,那么中国人说"不三不四"或"非驴非马"。

　　(8) 如果一个人陷入困境,遭受失败或遇到不愉快的事情,那么就可以说这个人"碰钉子"或"碰一鼻子灰"。

　　(9) 如果一个人看某种东西,没有深入地研究细节,只看表面,快速地浏览一下,可以说"走马看花"。

　　有一个关于庄稼汉的寓言故事。他在田里干活时看到一只兔子撞到树墩上死了,庄稼汉捡起这只兔子。从此,他就无心种田,每天守着这个树墩,期待下一只兔子跑到自己的田里。"守株待兔"这个成语由此而来。它表示"被动地等待机遇"、"期望命运恩典而耽误了自己的事情"。和它相对应地俄语是"坐在海边等天气",也就是"消极地等待某些东西,停滞不前"。

　　和"守株待兔"意义比较相近的成语是"画饼充饥",也就是"充满幻想,自己欺骗自己"。

汉语成语"对牛弹琴"与俄语的"猪前投珠"意义相近。

下列成语在语义上有相似性,都可以用来表示"从事无意义的劳动"、"白白地浪费时间",构成同义成语。

海底捞针　水中捞月　问道于盲

炊沙作饭　画脂镂冰

成语"过河拆桥"的意思是"忘恩负义"、"利用他人达到自己的目的后,就推开他(抛弃患难的人)"。

俄语表示"心碎"、"心在流血"、"悲痛欲绝"这个意义,相应的汉语是"心如刀割"。

在汉语和俄语中,可以说不存在逐字逐句语义上完全一致的说法。例如,俄语中"非鱼非肉(ни то ни се, так себе, ни два ни полтора, середка на половине)"的表述,汉语中和它同义的成语的意义是"不三不四、不伦不类"。

当然,它们的使用具有语义—句法的区别。成语"非鱼非肉",表示一个人的属性、品质。肖洛霍夫的《被开垦的处女地》中有这样一句话:"但这些是集体农民吗?没错,非鱼非肉!"《俄语成语学术词典》相应地注释:"非鱼非肉"有这样的意义"既没有出色的,也没有鲜明的突出的特点,没有能力主动去承担事情"。中国人翻译这个句子,用的是成语"不三不四"。"这算什么集体农庄庄员?简直不三不四!"汉语和俄语表达中都包含"不伦不类"这样的语义成分。但是,对于一个说汉语的俄罗斯人来说,这样的翻译减少了音节数量,也便于发音。

成语都是按照固定的形式创造的。可以举一些"动作—客体"关系类型例子,第一个成分指明动作,第二个成分指明动作的客体。这里,第一个成分通常是单音节的,第二个成分可以是单音节、双音节和三音节的(注:此处所举词语类型并不是成语,为俗语)。

例如:

借光　吃醋　吃香

背黑锅　炒冷饭　扣帽子

磨洋工　唱老调　交白卷

开夜车　撞木钟　走后门

吃大锅饭　坐冷板凳　吃闭门羹

三、谚语和俗语

汉语谚语和俗语在形式上表现为词语或句子,有字面意义和比喻意义。谚语有很重要的教育意义,因为它们记录日常生活方式和人民的风俗习惯,它们讲述的是国家的历史、地理、文化,它是人民智慧的结晶。

例如:

三天打鱼,两天晒网

一日三笑不用吃药

星多天空亮,人多智慧广

人往高处走,水往低处流

瓜熟蒂落

汉语有些谚语在语义上与俄罗斯谚语相吻合。

例如:

趁热打铁

祸不单行

寡不敌众

学问之根苦,学问之果甜

许多谚语清楚地表达了民族内涵,也就是说,谚语中所体现的民俗正是中国人所固有,尤其是汉族人所固有的。众所周知,中国人自古以来就认为碧玉和玉石有很高的价值。象形字"玉"含有"尊贵"的意义。在中国还有玉筷、玉盘甚至还有各种不同的装饰品,耳环、戒指、吊坠、胸针、俑、匣、盒。玉还可以用于建筑的装饰,在古代皇帝的阅兵马车上还装饰有红玉。在实际语言运用中"玉"往往与"石"相对使用。

例如:

玉石

玉石同匮

"碧玉有瑕,锦有瑕疵"意思是"每个人都有一些缺点",俄语中也有相似谚语"太阳也有黑子"。

中国人对待碧玉的态度也体现在以下谚语中:

投鼠忌器

宁为玉碎,不为瓦全

四、歇后语

在汉语中,有一种特殊的语言形式称为歇后语。它们由两部分组成:第一部分是隐喻,第二部分是意义的解释。带有影射意义的第二部分通常是独立使用的,它们是中国不同历史时期不同地方不同职业的集体创作。

说起这类歇后语的结构,需要注意的是,神话故事被用在了第一部分,它们创造了一个隐喻的背景。

例如:

八仙过海——各显神通

这个谚语在民间广泛流行,在语言中经常使用它的第一部分"八仙过海"来表明"每一个人都表现出自己的才能和天分"。有意思的是,在中国家庭中可以经常看到八仙过海的版画。

例如:

泥菩萨过河——自身难保

佛教认为,泥菩萨过河很快就会溶解,如果不能自救,如何救度他人?这个歇后语可以表示:"连照顾自己都没有时间,忙得没有时间照顾别人"。

有影射含义的第二部分被省略,例如:

猫哭老鼠——假慈悲

高射炮打蚊子——大材小用

雨后送伞——假人情

五、汉语词典中的成语

一般来说,欧洲的词典大多是对词义的描述,汉语词典不仅包括词条形式的词、固定词组,而且还包括成语,这种编排体例更适合中国人。将固定词组、成语等与单独的词条放在一起是非常合理的,这对于中国人查阅词典是很方便的,这样不仅能够查阅词语,同时也能找到与之意义相关的词组或者成语。

在汉俄词典中,成语通常作为单独的词典条目出现,一般按照汉字的字形和部首排列,或者按照汉语拼音字母的顺序排列。词典中首先给出成语的汉字形式,然后标出汉语拼音,附上俄语中类似的语言结构,成语一般按照逐字逐句与原文对应。在直译导致不准确或难以理解的情况下,选择相应的俄语短语进行解释,这适用于各种结构类型和各种数量成分的成语。

汉俄词典中成语意义的解释会遇到以下的一些情况:

(1)俄语中与汉语成语相类似的语言结构在语法和语义上尽可能相近。

例如,俄语成语"болеть душой(сердцем) за кого-л"直译为"心脏充满血",汉语中没有与俄语意思完全相近的说法。

(2)俄语中的一些成语在翻译成汉语时,没有相应的成语,也不能直译来解释,这容易导致曲解原义或联想错误。

例如,俄语成语"мокрый как мышь(湿得像老鼠)",在汉语中俗语"落汤鸡"与其意义相近。在现代汉语词典中"落汤鸡"的解释为:全身湿透,像落在热水里的鸡。但汉语成语中没有与"湿得像老鼠"意义相近的成语。

(3) 汉语中的一些成语在翻译成俄语时,没有相应的成语,也不能直译来解释。例如,成语"自相矛盾"。

(4) 成语的意义与某个文学或历史情节相关联,因此它的翻译伴随着必要的文学和历史解读的视角。例如,红叶——情感或爱情的使者(婚姻的中介、媒人等)。相传有一个古老的故事:一个女孩在秋天的红叶上写了一首诗,把它扔进了运河里,红叶顺流而下飘到了一位男孩子那里,这个男孩儿找到了写诗的姑娘,最终他们彼此相爱,女孩儿成为他的未婚妻。

◆检测题

(1) 什么是成语?
(2) 汉语成语包括哪些?
(3) 汉语成语的民族特性有哪些?
(4) 举出与汉语神话有关的成语例子。
(5) 举出俄语中与汉语成语相类似的成语例子。
(6) 讲描述成语"自相矛盾"的来源。
(7) 请举出带有"龙"的成语,并从来源、意义和使用方面进行分析。
(8) 举出俄语和汉语中词义相匹配和不匹配的成语例子。
(9) 汉俄词典中怎样注释汉语成语的?

◆练习题

(1) 把下面的俄语翻译成汉语成语:

несовместимость

как кошка с собакой

(2) 找到成语词典中成语"守株待兔"的来源、意义和详细分析,并给出其俄语对应词。

(3) 举出汉语和俄语中表示勤奋意义的成语例子,说明出处。

(4) 把以下的汉语成语翻译成俄语:

雨后春笋　天壤之别　水泄不通

木已成舟　千钧一发　过河拆桥

开夜车　交白卷　大锅饭

（5）汉语和俄语中哪些成语可以表示"最大的区别"这个意义？如"天壤之别"（как небо от земли）。

（6）请把下列俄语翻译成汉语成语：

терпение и труд все перетрут

без труда не вытащишь и рыбку из пруда

любишь кататься люби и саночки возить

（7）汉语中表示"очень много, очень тесно（о большом скоплении людей）（很多，很拥挤）"的成语有哪些？

（8）把下面的词语翻译成俄语：

走马看花　拔苗助长

开夜车　炒冷饭　大锅饭

（9）指出与汉语成语"铁杵成针"相对应的俄语。

（10）请指出汉俄词典中有关"红叶"成语的来源、意义和寓意。

（11）指出成语"老马识途"的来源。

（12）把下面的俄语翻译成汉语成语：

за двумя зайцами погонишься

（13）把下面的俄语翻译成汉语成语，并指出它们的同义词。

бегло и поверхностно осматривать что-л

（14）把下列汉语成语翻译成俄语：

趁热打铁　摩肩接踵

（15）把下列俄语翻译成汉语成语：

не видеть дальше своего носа, человек с узким кругозором

（16）把汉语成语"水火不相容"翻译成相应的俄语。

（17）把下列俄语翻译成汉语成语：

польный беспорядок

всех вверх дном

мамаево побоище

（18）把下列俄语翻译成汉语成语：

всей душой

всем сердцем искренне

（19）把下列俄语翻译成汉语成语：

делить радость и горе

（20）下列成语有哪些共同之处？解释其含义，找出俄语相近的表达：

守株待兔

对牛弹琴

水中捞月

海底捞针

（21）把下列俄语翻译成汉语成语：

матать бисер перед свиньями

第十章 同 义 词

学习目标	了解汉语同义词现象
学习提纲	（1）同义词的类型 （2）词组中同义词的作用 （3）同义词之间的属种差异 （4）同义词在上下文中的作用 （5）同义词的来源

一、同义词的来源

同义词——意义相近或相同的一些词，但并不总是可以互换的，因为它们经常用在不同的上下文中，使用范围也不同。同义词是以不同的词来指称同一现象，突出其不同侧面或从不同角度对其进行表征，因此不可能在不改变含义的情况下随意将一个同义词替换为另一个同义词。

同义词组因为意义的相近而联合起来，形成一个同义词系列，同时也是不断地增补同义关系的过程。它旨在基于对物体、现象重新审视，发现其中的新特征并赋予它们不同名称。

二、同义词的类型

汉语同义词按照自身的形式结构可以分为几种类型，首先考虑到词的音节数量，其次考虑到相同或不同成分的存在。

1. 第一种类型

单音节词对单音节词。在汉语中单音节同义词的数目相对来说不大，大多数都属于基本词汇。

例如：

法——律

肥——胖

看——见

美——丽

2. 第二种类型

单音节对多音节。它们分为两种类型:没有共同成分的同义词和有部分相同成分的同义词。

1) 没有共同成分的同义词

例如:

头——脑袋

吹——夸口

2) 有部分相同成分的同义词

例如:

飞——飞翔

弯——弯曲

第二种类型的同义词通常是名词。在这种情况下,一对同义词表示同质对象,该对的第一个词表示具体的个别的对象,第二个词表示多个集合对象。

例如:

河——河流

信——信件

3. 第三种类型

多音节词(两个或多音节组成)。它分成三种类型:①没有共同成分的同义词,也就是不同的组成成分;②相同的成分,但它们的排序是不同的;③部分相同的组成成分。

1) 没有共同成分的同义词

这种同义词比有共同成分的同义词数量多,但是比部分成分相同的同义词数量少。这种类型的同义词大部分是意义相同的词,也就是绝对同义词。绝对同义词是意义和搭配能力相同的词。

例如:

生日——诞辰

玉米——苞谷

星期日——礼拜天

日头——太阳

可以说"日头出来了",也可以说"太阳出来了";可以说"日头落山",也可以说"太阳落山"。

同义词的搭配能力完全相同的很少,通常它们在语体色彩和感情色彩上有区别。

例如:

马上——立刻

连衣裙——布拉吉

西红柿——番茄

在以上三个例子中,第一个同义词更多地出现在口语中,第二个则属于书面语。

2) 构成成分相同但排列次序不同的同义词

例如:

替代——代替

阻拦——拦阻

通常这样的同义词在概念意义、语体色彩和使用上没有什么区别。然而,在语言发展的过程中,其中一些同义词在含义和用法上发生了分化。

例如:

动摇——摇动

原先这组同义词都是指具体物体向前或者向后有节奏地动,它们的意义解释也完全相同——"摇动、晃动、摆动",它们在上下文中可以互换。现在这个意义只保留在"摇动"这个词中,在这一对同义词中的另一个成员"动摇"开始获得"不动摇的"、"不固定的"、"经常改变的"这样的意义(关于政策、观念和决议)。

3) 部分成分相同的同义词

同义词中的共同成分可以处于这个词的开头和结尾的任何位置。

例如:

好处——长处

力气——力量

力气、力量有三个意义:①体力;②势力,本领,能力;③功效,效力。

例如,可以说:"没力气、养足力气","国防力量","人民的力量大无边","白酒比啤酒力量大","这种农药力量大"。

同义词的这种类型只存在于汉语中。

例如：

保护——保卫

"保护"和"保卫"都有"保护"、"照看"、"不可侵犯"这些意义。它们之间的差别表现在不相同的成分"护"和"卫"上。由于这些不同的成分导致它们的搭配不同，并且彼此也不可替代。

例如：

保护眼睛　保护牙齿

保护森林　保护庄稼

保护鸟类　保护人民

保护健康　保护利益

保护安全

"保护"不仅用于在具体的事物中（如眼睛、牙齿、森林、庄稼、鸟类、人民），也可用在抽象的事物中（如健康、利益、安全）。

"保卫"的搭配范围比"保护"要窄得多。

例如：

保卫祖国

保卫国境

再看一个例子：

结果——后果

"结果"和"后果"有共同的组成部分——"果"，表示动作的完成。"结果"是中性词，例如：多年劳动的结果。"后果"这个词含有主观评价的特点，带有消极的意义，表示不希望发生的结果，例如：严重后果；不良后果。

我们上面谈到的同义词也可以称为准同义词，因为它们具有相近、相似的含义和不同的词汇搭配能力。

有部分相同的组成成分这种子类型也属于同义词，这种同义词的共同组成成分在同义词对中可能占据不同的位置。

例如：

看重——重视

有时同一种物体或现象可能用不同类型的同义词表示，例如，"冰棍儿"这个词在汉语中有四种名称：

冰棒

棒冰

冰棍儿

雪糕

第一种和第二种情况,它们是具有相同成分的同义词,区别在于它们的排列顺序是不同的;第三种情况,它和前两个例子中有一个共同的成分——"冰"。第四种情况比较特殊,它与前三个例子没有共同组成成分。

三、同义词在构词中的作用

汉语词汇中同义词的一个特点是成对组合,形成复合词。两个同义词组成成分的词性分布表明,这种创造新词的方式是非常典型的。对于动词以及名词、代词、形容词和副词等,采用同义构词法组成一个词,同义成分词义可以互相补充。同义词在构词中的作用有以下情况:

（1）简单重复——为了词义更准确、更具体。

例如：

保卫　存在

土地　古老

打击　朋友

意义的同一性是将同义词组合成复合词的主要原则。单音节构词成分义与复合词语义相同时,在语言中可以自由使用。

例如：

欺骗——骗

在上下文中,"不要欺骗我"和"不要骗我",同义词"欺骗"和"骗"可以互换。

例如：

认识——认

在上下文中,"你认这个字"和"你认识这个字",同义词"认识"和"认"可以互换。

但是,"首先",成分"首"不能单独使用,而"先"能独立使用。"芳香"的"芳"不能独立使用。

（2）增强重复。

奇怪　坚硬

美丽　请求

健壮　逼迫

（3）使原来的成分意义更加详尽、具体化。

词的同义成分因其自身附加信息的语义特征不同,将它们组合成一个复合词后,能够表明更多有关对象、属性、动作等附加信息,它们之间相互补充、解释,可以更完整、更全面地表达词义。

例如:

宽广　思想　著作

四、同义词之间的种属差异

一组同义词之间的词义不仅有共同的部分,也有特定的种属差异部分。

例如:

斗争——战争——战役

斗争这个词一般来说使用范围较广,包括各种形式的斗争(阶级的、思想的、派别的等)。

战争这个词的使用范围相对来说较窄,指斗争形式的一种(武装斗争)。

战役这个词的使用范围更窄,仅指战争的某一阶段,例如,解放战争的阶段之一。

这些同义词的使用范围取决于它们的种属差异。使用范围最广的词,它的意义也较广。

例如:斗争,与阶级的、思想的、派别的等搭配使用(如阶级斗争);战争,与参与国的名称搭配使用(如普法战争),说明本质特点(如解放战争),表明原因(鸦片战争);战役,与具体地理名称搭配使用(如淮海战役)。

又如:考试,这是种概念;口试,这是属概念;笔试,这是属概念。在确定的上下文中,"考试"可以替代"口试"和"笔试"。

例如:

我们已经考试完了——我们已经口试完了

如果学校指定的课程只有口头考试,在上下文中,"我们已经考试完了"和"我们已经口试完了"意义是相同的。这个同义词本身语义范围很宽,可以表示种概念也可以表示属概念,在这个例子中表示种概念意义的"考试"可以由表示属概念意义"口试"这个同义词替代。

五、其他有种属差异的同义词例子

例如:

损坏——毁坏

请求——恳求

保护——庇护

在前两个例子中,具有一般意义和特定意义的同义词它们的差异体现在强度上有所不同。在最后一个例子中,动作行为有不同的评价特征(正面评价/负面评价)。

六、同义词及其在上下文中的使用

各种同义词的使用是与特定的上下文相关联的。

例如:

充沛——充足

"充沛"这个词的意思是形容一个人在力量或某些品质方面是"饱满的、旺盛的",经常使用在以下的上下文中:

充沛的生命力

他精力充沛

感情充沛

雨量充沛

"充足"这个词的意思是"尽可能多"、"足够的"、"满足的"、"需要的",它使用在以下的上下文中:

充足的理由

水肥充足的土壤

经费充足

资金充足

光线充足的房间

要向沙漠进军,取得彻底的胜利,必须有充足的水源。

又如:

光辉——辉煌

光辉的成就

辉煌的成就,灯火辉煌

又如:

交换——交流

交换名片,商品交换

交流经验

再如：

工夫——时间

"工夫"的意义及举例	"时间"的意义及举例
(1) 空闲的时间，空暇 没有工夫 明天有工夫再来玩儿吧！	(1) 时间 没有时间
(2) 时间 他三天工夫就学会了游泳	(2) 一段时间，时间间隔 地球绕太阳转一周的时间是 365 天左右 地球自转一周的时间是 24 小时 盖这所房子要多长时间？
	(3) 具体的时间 现在的时间 3 点 15 分

七、同义词的来源

语言所描述客观现象的多样性是同义词出现的客观前提，正是因为要描绘对象的外形、用途、目的等特征，出现了一系列的同义词。因此俄语中"暖水瓶"（防止变冷或变热的一种特别构造的容器）有以下的一些汉语同义词：暖壶，暖瓶，热水瓶。

汉语同义词的来源可以分为几类：

(1) 构词过程。成分意义相近但构词顺序不同的同义词。

例如：

展开——开展

但以这种方式构成的同义词数量很少。更常见的是，它们在一个共同组成成分基础上通过添加不同的成分构成同义词。

例如：

文法——语法

(2) 共同成分加词缀构成同义词。

例如：

作家——作者

飞行员——飞行家

运动员——运动者

(3) 古语词和借词同时存在。

例如：

摩登(来自英语)——时髦

(4) 借用同一概念的不同方式。

①语音的。

②仿造的。

例如：

喀秋莎——火箭炮

麦克风——扩音器

在最近一段时间形成了仿造排挤语音借用这样的趋势，"德律风"已经被其同义词"电话"替代。

(5) 在单音节的基础上构成的双音节词和单音节词同时并存。

例如：

牙——牙齿

美——美丽

挑——挑选

(6) 方言词，地方名称。

"玉米"在东北称为"苞米"，在四川称为"苞谷"，在福建南部的部分地区称为"金豆"。这组同义词名称的不同是因为来自汉语不同的方言区。

(7) 词的语义发展。

例如：

斟酌——考虑

斟酌的本义是"斟酒"，斟酒不能倒得过满，也不能不倒满或倒得过少。由此产生了引申义"考虑"、"衡量"，"考虑"和"斟酌"语义范围不同。

通常"斟酌"使用在谈话中涉及的小事件，而"考虑"更多地用在严肃的情况，涉及重要事件。

◆检测题

(1) 什么是同义词？

(2) 同义词的类型有哪些？

(3) 同义词在构词法中的作用有哪些？

(4) 同义词之间的种属差别有哪些？

(5) 同义词使用与上下文有哪些关联？

(6) 指出现代汉语中同义词的来源。

◆练习题

(1) 指出下列词的同义词：

拿　同意　保护　要求

快乐　商量　紧要　区别

节约　帮助　成就　整个

立即　美丽　损坏　抵抗

(2) 把下面的词翻译成俄语并指出这些同义词的搭配特点：

改正　改造　改良　改善

(3) 请举例说明同义词"木"和"树"的差别在哪里。

(4) 选词填空，并把它们翻译成俄语：

他不（知道，了解）我们。

这时只有几个（房屋，房间）还亮着（灯火，灯）。

骑自行车要靠右边走，以免（妨碍，妨害，危害）交通。

他经常读书看报，非常（关怀，关心）国家大事。

(5) 指出下列同义词对的区别：

停顿——停止

知道——了解

关怀——关心

一直——一向

(6) 举出由同义成分构成复合词的例子。

第十一章 反 义 词

学习目标	了解汉语反义词现象
学习提纲	(1) 反义词的标准 (2) 反义词的形式类型 (3) 反义词的语义类型 (4) 反义词对的内部顺序 (5) 反义词在构词中的作用

语言中存在一些母语使用者很容易感知到的意义相反、互相对立的词,我们通常把它们称为反义词。汉语词汇中的反义词有绝对反义词和相对反义词两种。

一、反义词的标准

(1) 判定两个词是反义词的必要条件是经常在上下文中一起使用。
例如:
地方大——地方小
(2) 词汇的搭配范围相同。
例如:
他是老工人——他是新工人
(3) 反义词的词性相同。
例如:
①两个反义词——名词。
父亲——母亲
②两个反义词——动词。
来——去
③两个反义词——形容词。
黑——白
快——慢

二、反义词的形式类型

单音节和多音节反义词的区分在于音节结构的数量。单音节反义词在汉语中很多。

例如：

冷——热 厚——薄 纯——杂

喜——怒 干——湿 忙——闲

哀——乐 白——黑 贵——贱

动——静 上——下

在汉语中多音节反义词比单音节反义词多得多。按照它们的构成方式可以分成五种形式类型。

1. 第一种类型

结构相同，意义相反的反义词。

例如：

前进——后退 前——后 进——退

上升——下降 上——下 升——降

两个例子中的词结构相同，互为反义的两个词的第一个成分和第二个成分均为意义相反。

2. 第二种类型

反义词有相同的结构，一个成分是共有的，另外一个成分意义相反。

例如：

开幕——闭幕 上游——下游 肯定——否定

正面——反面 主人——客人 高声——低声

高频——低频 高空——低空 高地——低地

高价——低价 高血压——低血压

高跟鞋——低跟鞋 高等植物——低等植物

这样的反义词对逐渐增多，使汉语词汇也不断得到补充。

3. 第三种类型

反义词有不同的结构，它们的各个组成成分都不构成对立。

例如：

公开——秘密　先进——落后　敌人——朋友

4．第四种类型

反义词有相同的结构并且是多音节的。

例如：

无产阶级——资产阶级　唯物主义——唯心主义

5．第五种类型

反义词包含带前缀和不带前缀的词。

例如：

革命——反革命　作用——反作用　论证——反论证

对数——非对数　宣传——反宣传　冲击——反冲击

毒素——抗毒素

这些形式类型的反义词主要分布在词汇术语中，为数不是很多。

三、反义词的语义类型

反义词的语义类型有以下几种。

1．第一种类型

按照"大"——"小"原则对比。在这种情况下比较的客体特征是相对的。

(1) 按体积、面积、尺寸、数量、功率、强度等参数，它们具有"大"和"小"的特点。

例如：

大山——小山　大树——小树

大声——小声　大声说话——小声说话

老——少　地方大——地方小　声音太大——声音太小

(2) 按程度。

①按照纵向长度。

例如：

长——短

②按由表及里的长度。

例如：

深——浅

③按照高度。

例如：

高——矮

④按照横切面尺寸的对比（这里说的是线、树木等）。

例如：

粗——细

(3) 按照密度、成分。

例如：

密——稀　肥——瘦

2. 第二种类型

行为特点的对比（可能是肯定的，也可能是否定的）。

例如：

攻——守　立——破　生——死

存——亡　忙——闲　开——关

动——静　起——伏

3. 第三种类型

动作行为方向的对比。

例如：

买——卖　呼——吸　来——去

吞——吐　借——还　入——出

穿——脱　建设——破坏　统一——分化

生产——消费　延长——缩短

以上所举的反义词的例子表示"动作——动作产生的两个相反方向的结果"这样的对比。这些动作行为可以分析为一个过程的两个方面，例如，"买"（给出钱而得到商品）和"卖"（给出商品而得到钱）可以看成是贸易过程的两个方面。类似的反义词"吸"（从外进入空气）和"呼"（从里吐出空气），可以表示呼吸这一过程包含两个相反的动作。

4. 第四种类型

空间方向和时间顺序的对比。

"早——晚"等带有对比特征的词都属于这种类型。

例如：

前——后　始——终　早——晚

头——尾　东——西　左——右

这一类反义词有自己的民族特色,以传统的风俗习惯作为条件。太阳东升西落,因此"东"就属于早,而"西"就属于晚。按照中国的传统,"左"比"右"早一些,因而受到尊敬的客人的位置——在主人的左手侧,而不是像欧洲人在右手侧那样的传统。

5. 第五种类型

"男(阳)——女(阴)"的对比意义。

例如：

夫——妻　男——女　天——地

南——北　表——里

以上所举的反义词反映了中国古代对世界和宇宙的认识。

6. 第六种类型

涉及精神、能力、人的品质等的对比。它们在某种角度反映了"好——坏"。

例如：

好——坏　美——丑　雅——俗

强——弱　巧——拙　真——假

正——邪　实——虚　盛——衰

善——恶

一些反义词对可能属于不同的类型,因此,反义词"弟弟——哥哥"既可以属于第一种类型(大——小)和也可以属于第四种类型(早——晚)。

四、反义词对的内部顺序

以上六种类型反义词中的成分一般都按一定的顺序排列,这取决于概念表达的逻辑性,即反义词对中成分的序列是按照传统习惯形成的,这种传统和中国人的世界观有关。无论口头表达还是书面表达都是"好坏",而不是"坏好"。同样可以说"善恶"、"多少"、"存亡",反之则不然。

类似的成分顺序是典型的自由词组,按照逻辑类型构成的复合词,包括亲属称谓词、缩略词,甚至大部分成语、自由词组等也按照类似的成分顺序排列(据中国学者统计是80%的情况)。

1. 自由词组

例如:

好坏　善恶　美丑

这样的对立是普遍存在的。

2. 逻辑关系类型的合成词

例如:

开关　炎凉　前后

早晚　横竖　好歹

3. 亲属称谓词

例如:

夫妻　父母

4. 缩略词

例如:

优缺点　上下级　加减法

5. 成语

例如:

朝不谋夕　一朝一夕　深入浅出　始终如一

唯一的例外是反义词对:"生,活——死"。按照常规逻辑"生"在"死"前,但在汉语中"活"总是用在"死"后,这和中国人的民族文化传统相适应。

例如,成语"九死一生"、"你死我活"、"死去活来"、"半死半活"。

然而,例子之外还有例外,例如,"出生入死":冒着生命危险,危及生命;无私地牺牲自己。这就是逆序使用的例子。

为数不多的反义词对可能是以下的方式序列:

正反　反正

五、反义词在构词中的作用

汉语中反义现象有其特殊性,它广泛地用在构词中,在构词法中反义词的联合使用表达了新的概念。在这里有四种可能的情况。

1. 第一种情况

复合词的意义等于成分意义的总和。

例如：

子女　姐妹

公婆　父母

夫妻　呼吸

2. 第二种情况

复合词的意义只等于一个成分的意义。

例如：

忘记

3. 第三种情况

复合词的意义大于成分意义的总和，它们更多的是表现为现象的语义特征。

例如：

寒热　动静　强弱

4. 第四种情况

反义成分构成的形容词指明对象的物理量。

例如：

肥瘦　大小　深浅

◆检测题

(1) 什么是反义词？

(2) 反义的标准是什么？

(3) 反义词的形式类型有哪些？

(4) 反义词的语义类型有哪些？

(5) 指出反义词对内部词的序列特征。

(6) 反义词在构词中的作用有哪些？

◆ 练习题

(1) 指出下列这些词的反义词：

大　胖　老

早　快　香

冷　长　宽

新　远　上

好　爱　左

高　深　开

上课　和平　简单

客人　哥哥　父亲

(2) 把第一题中的反义词对翻译成俄语。

(3) 把第一题中的反义词对进行分类。

(4) 把下列句子翻译成俄语，并指出反义词对：

①老刘工作一直很忙，每天很早就出去上班，很晚才回来。

②全庄的男女老少也送他出来。荷的四面远远近近，高高低低都是树……

(5) 把下列俄语翻译成相应的汉语反义词：

длина

толщина

величина，размер

глубина（从表面到底的长度）

ширина（横切面的长度）

(6) 用下例反义词构成成语：

朝——夕

始——终

死——活

(7) 把下列俄语翻译成汉语反义词：

незначительный по весу——имеющий большой вес

правдливый——ложный

активный——пассивный

признанный；допускаемый законом——не разрешенный законом

обычный——своеобразный

第十二章　单义和多义现象

学习目标	了解汉语单义和多义现象
学习提纲	（1）单义和多义现象的确定 （2）多义现象的基本类型 （3）多义动词 （4）词义的发展规律 （5）反义形容词和多义现象

一、单义和多义现象的确定

在现代汉语中,有为数不多的词汇只有一个意义。下面的词就属于这种类型。
（1）科技术语。
例如：
地球　太阳　太空　台风
激光　元素　中子　电子
太阳能　太阳系　电压　电子计算机
（2）动物名称。
例如：
马　骆驼　驴　蠓　蚂蚁
（3）专有名称（人名和地名）。
例如：
李白　鲁迅　司马迁
上海　武汉　黄河　桂林
刚出现不久的新词大多数是单义的,它们还没来得及派生出新的意义。
例如：
超导体　录像机　待业
具有单一意义性质的词称为单义词或称其具有单义性。但是在日常生活中,常用词汇中的部分词通常不只有一个意义,汉语中大部分词是多义的。具有多种意义性质的词称为多义词或称其具有多义性。在多义现象中词的所有意义都是有这样或那样的联系,形成一定的语义结构,多义词是一种意义相互关联的系统。

二、多义词的基本类型

词不会立即获得多义性,词也不会生来就具有多义性。举一个"锄"的例子(翻土和除去杂草的工具),由它产生出第二个意义——"锄松、锄草",从"锄草"又引申出第三个意义——"根除、消灭""锄奸"。

多义词的这种类型称为多义词链,因为每一个后来产生的意义都直接来源于前一个。

"笔杆子"这个词的意义就可以归入多义词的这种类型。①笔杆,毛笔;②写文章的能力;③作家,政论家(转义——精通笔墨的人)。

多义词链——多义词的每一个新的意义都是由最接近它的意义推论而来。

多义词的构成可能是以下的规律在起作用:派生或由一个原始意义引申出多个意义。

例如,"头"这个词的原始意义是:头部(人体最上面的部分或动物体最上部或前面)。它用在这样的词组中:

抬头　低头　光着头　头疼

在它的基础上派生出以下几个意义:

(1) 帽、盖、末尾,任何物体的前端或尾端。

例如:

针头　别针头　火柴头

船头　在床头　绳子两头

(2) 开始。

例如:

提个头儿

(3) 数量单位,一般用于带有圆形特征的物体。

几头蒜　三头洋葱

(4) 牲畜的数量单位。

例如：

三头牛

(5) 开始的，领头的。

例如：

头三个月

所有的意义都是由原始意义引申出来的，多义词的这种类型称为径向，因此所有的引申意义都是以基本的核心意义为半径扩散开来。

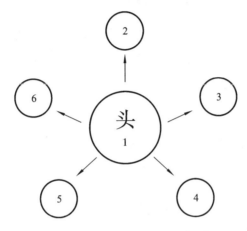

当一个词产生了几个不同的意义，往往就形成了多义词。比如"网"这个词有以下意义。

(1) 用绳线等结成的捕鱼、捉鸟的器具。

例如：

渔网　蜘蛛网

(2) 用绳或钢丝编织成的适用于各种用途的网拍等用具。

例如：

排球网　球落网

(3) 像网一样纵横交错的线路、管道、航线等组织或系统。

例如：

电话网　灌溉网　电网

铁路网　商业网

(4) 用网捕捉。

例如：

网了很多鱼

(5) 像网似的笼罩着。

例如:

眼里网着红丝

这种情况下语素"网"构成了这个词的所有引申意义的总和。

这个例子中的转义是由第四个意义直接发展而来的,第四个意义与第一个意义直接相关。

这种类型的多义词称为径向链多义词,因为各个意义以放射状方式相互连接,而其他意义则以链状方式连接。这是最典型的。

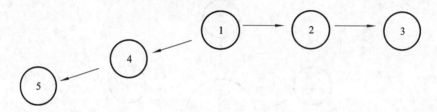

因此,径向链式多义词是一个多义词的意义系统,其中径向和链式多义词结合在一起。

确定多义词的基本意义并不简单,经常要借助于古汉语词典的帮助。

举个例子。单音节词"香",《说文解字》中解释为"芳也","芳也"是"香气,芳香;芬芳的,芳的,芳香的,好闻的香味"。

(1) 后来由这个意义发展出"有香味的物体,香气,乳香,香炉的味,香烛",甚至是"香水"。

(2) 给人愉快、舒适,自我感受好,具有好闻香气的香草和芬芳的物质。从这里发展出新的意义"甜蜜的、浓的、深的(梦)"。

(3) 在现代汉语中可以说"睡得香",后来又产生出第四个意义"可口的,有食欲的,味道好的,非常好的,美好的(生活)"。

(4) 甚至好的名声也可以说"香"。还有"友好的、顺利的,和睦相处"这样的意义。

(5) 后来语义发展又产生出新的动词意义"重视,有需求"。例如,这种货物在农村很吃香(很大的需求)。

按照词源系统来描绘多义词"香"的语义结构,比较容易确定的是它的本义,古汉语词典和文献中的记载可以印证。仔细观察"香"的意义发展脉络是很清晰的,词典中按照"香"的不同意义来进行排序(经常取决于词典范围的大小),但它们在强调"香,香气;芬芳",作为主要含义方面并没有不同。

三、多义动词

在汉语中有许多语义特别宽泛的多义词,比如动词"开、打、发",根据与不同词语的组合不同,译法也不同,因此把它们形象地称为"神秘的动词"。

1. 动词"打"

动词"打"有很多意义,请看以下这些例子。

(1)"打"的基本意义是"打,击,敲,击打",可以出现在以下的词组中:

打门 打鼓 打钟

雨打着窗子

(2)借助于各种不同的工具制造东西、物品时,人们需要不断第敲打、锻造。因此"做一把刀"甚至可以替换为"打一把刀"。

"打"已经开始转义,指"生产、制造"或"用某种特别的方法做某些东西"这样的意义。

例如:

打刀枪 打首饰

打家具 打箱子

打烧饼

(3)这些派生意义只是在这样的词组中出现,指的是由木材、金属或面粉做成一些物品或食物(但是"打"不能和"蛋糕"、"沙发"这些词连用,因为沙发是柔软的家具,蛋糕不能像烧饼一样在锅里翻面)。

"打"可以用于制作其他的东西,例如,"打毛衣"。"编织"这个意义本身和"打,敲打"没有关系,它是在"生产"这个意义的基础上发展而来的,出现了组合的可能。

例如:

打草鞋 打麻绳 打手套

但是"打"在"编织"这个意义上不可以和"布"、"衣服"、"床单"这些词连用。这样,派生意义"编织"就通过中间的比喻义和基本义相联系。

在这些例子中,"打"这个链式多义词每一个新的意义都可以由另一个最接近它的意义发展而来,而最远的意义可能没有共同的成分。

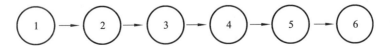

2. 动词"发"

动词"发"也有很多词义,请看以下这些例子。

(1) 交付;寄出,派出。

例如:

发工资　发信件

发电报　发命令

(2) 射击,发射。

例如:

发炮　百发百中

(3) 产生;发生。

发光　发霉　发芽

(4) 表达。

发言　发布　发誓

(5) 揭露;打开。

发现　揭发

3. 动词"开"

"开"这个词有很多意义,请看以下这些例子。

(1) 打开,与"关"的意义相反。

例如:

开门　开箱子　开瓶子

(2) 为某些机构的建立开展工作、活动奠定基础;组织筹建一些新的企业和机构等。

例如:

开学　开工厂　开商店

开幕　开戏院

(3) 发现、识别、确定某事物的存在,借助于勘测研究、开采、开垦等。

例如:

开矿　开采

(4) 射击,开火。

例如:

开枪　开炮

(5) 合拢或连接的东西展开。

例如：

开花

在这里所有的派生意义都和"开"这个成分意义联系在一起。

这些意义都是同源的，互相紧密地直接地联系在一起，这些意义都是由一个基本的、原始的意义引申出来的，而另外的或其他的——次要的、派生的。

四、词义发展的规律

词汇的发展过程中，词的意义会发生一定的变化，它们的意义变化有以下几种。

1. 缩小

意义的缩小是由一般到个别的过程。

例如，"禽"这个词有两个意义：①"鸟和野兽"（古代）；②鸟，长羽毛的。现在一般只用第二个意义。

例如：

家禽

又如，"汤"这个词有两个意义：①热水，烧开了的水；②汤，汤汁。现在一般只用第二个意义。

例如：

喝汤

2. 扩大

意义的扩大是由个别到一般的过程。

例如，"嘴"本意指嘴巴，后意义扩大为指形状或作用像嘴的东西。

例如：

茶壶嘴

又如，"灾"本意指火灾，后意义扩大为自然或人为的灾祸。

例如：

水灾　旱灾

3. 转移

意义的转移是指意义发生了变化，它有两种情况：隐喻和暗喻。隐喻是某些物体或现象在形式、外表、位置等和另外的物体或现象相似而发生意义的转移。隐喻现象一般发生在表示身体、自然现象、动物和服饰等词汇中,用于转指社会、经济、文化等领域具有相似现象的指称。

例如,以下词汇都有对应的意义转移:

心——中心,中部,核心

耳目——通报者,消息灵通者

爪牙——走狗,间谍

风声——传闻,消息,新闻

冻结——使某东西冰冻,阻止、中止某事物发展的进程

又如,卫星指天文学中绕着其他物体旋转的天体或围绕着地球(或者其它的天体)旋转的人类制造的巨大的机器装置。它也有意义转移。

例如:

卫星城——在中心城市或城区附近的城市和城镇

意义的转移还有另一种特殊类型——暗喻,也就是用整体指称部分,或者用部分指称整体。暗喻的基础是相关,相关度是暗喻非常重要的特征。发生转喻后,这个相关名称的指称范围关系发生转移,可能转移到成员较宽泛的范围,或者转移到成员较少、较窄的范围。

例如,"花"可以指种子植物的有性繁殖器官,如"一朵香花",但"花"还可以指所有盛开的植物,如"种花",在这种情况下即个别植物的名称转移指所有的植物。

五、反义形容词和多义现象

字典中对若干对反义词的描述表明,它们具有相似、相同的多义结构。例如,"上"和"下"。

(1) 上——位置在高处的。

例如:

上部　上游　往上看　山上

(2) 下——位置在低处的。

例如:

下部　下游　往下看　山下

除了词典中直接的基本的意义外,还有以下意义的"上":

高等的,较好的——上等

过去的,上次的,开头的——上卷,上半年

登上——上山，上楼，上火车，上轮船

去往——上班

还有以下意义的"下"：

下等的，最坏的——下等

下次的，将来的——下卷，下次，下半年

下去——下山，下楼，下火车，下轮船

离开——下班

◆检测题

(1) 什么是单义词和多义词？它们最根本的区别是什么？

(2) 语言中单义词、多义词哪一类比较多？

(3) 请举例说明多义词的三个基本类型的名称。

(4) 举例说明汉语多义动词。

(5) 词义发展的规律有哪些？

(6) 隐喻、暗喻转移的基础有哪些？

(7) 反义形容词和多义词之间存在哪些联系？

◆练习题

(1) 随便指出任何一本汉语词典第十页中的单义词和多义词的数量，你认为单义词多还是多义词多？

(2) 指出"头"这个词不同意义的使用例子(总共不少于 20 个)。

(3) 指出"网"这个词不同意义的使用例子(总共不少于 20 个)。

(4) 指出"打"这个词意义引申的具体例子。

(5) 把以下的短语翻译成带有动词"发"的词语：

выступать с речью

отдавать приказ

разгневаться

вспотеть

подавать мяч

температурить，бросать в жар

производить，выпускать

развивать

во рту стало горько

(6) 把以下的例子翻译成俄语：

开门　开窗户　开箱子

开口说话　开幕　开学

开课　开商店　开工

开办　开工厂　开戏院

(7) "运动"这个词有以下一些意义：①运动；移动；②移动，处于运动中；③从事体育运动；体育运动；④进行运动，讨论，钻研。结合句法和语义上下文，翻译以下语言结构：

他爱好运动，所以身体很健康

五四运动

行星的运动

增产节约运动

(8) 把以下带有动词"打"的短语翻译成俄语：

打门　打枪　打鼓

打鱼　打钟　打粮食

雨打着窗子　打柴　打刀

打水　他打马　打毛衣

打人　打桌椅　钟打六点

打靶　打秋千　打电报

打架　打雷　打电话

第十三章　同音异义现象

学习目标	了解汉语词汇同音异义的具体特征
学习提纲	（1）词汇同音异义现象 （2）词汇同音异义的类型 （3）词汇同音异义的来源 （4）消除同音异义现象的方法

第十二章从语义角度对词的单义和多义现象进行分类、归纳。本章主要是在第十二章分类、归纳的基础上，从多义现象这个角度对词的多个意义产生的来源和分化过程做进一步的分析和论述，是第十二章内容的深化。

一、词汇同音异义现象

汉语中把字形相同、发音相同，但意义不同的这类词称为词汇同音异义现象或同音异义词。

同音异义词和多义词表现在一个语音单位有几个不同的意义。同音异义词和多义词的区别如下：多义词是一词多义，几个意义之间往往有内在的联系，多个意义之间构成一个语义系统；同音异义词是同音异义，词义之间无内在的联系。

多义词各个义项之间有内在联系，各个义项是在基本义基础之上形成的。

例如，"放"这个词有以下几个基本意义：

①扩展，如放大。

②发出，如放箭。

③解除约束，如把俘虏放了。

④让牛羊等在草地上吃草，如放牛。

⑤点燃，如放炮。

又如，"开"这个词有以下几个基本意义：

①打开，如开门。

②开办，如开商店。

③发动或操纵,如开枪。
④开采,如开矿。
⑤开始,如开学。

以上所有意义相互间都有语义联系,可以把它们看作是一词多义,从上下文中可以明晰这些词的语义联系。因此,同音异义和一词多义这两种情况都会出现多义现象。

同音异义现象各个义项之间不存在任何语义联系,互不相生。在现代汉语中存在着不少意义完全不同的同音词。

例如:

信(相信)——信(信件)

管(水管)——管(管理)

在一些汉语词典中同音异义词可以通过在汉字右上角标注数字来体现出来。

汉语是同音现象最高的语言之一。按照不同的统计,同音异义词的数量在词汇中占到10%～16%。汉语中单音节词和双音节词都存在同音异义现象,并且单音节词的同音异义现象占的比重更多。

二、词汇同音异义的类型

从口语的角度来分析同音异义现象,与书面语不同,还增加了同音不同形的类型,使同音异义现象扩大了研究范围。词汇同音异义可以分为以下三种类型,这与汉语是表意文字有很重要的关系。

1. 第一种类型

语音相同、字形相同但是意义不同的词,无论在口语中还是书面语中都是同音同形现象。这种情况下同一个汉字记录相同的语音形式的词,这类词称为同音同形异义词。

例如:

词:①语言单位;②文学形式,诗歌的一种。

杜鹃:①布谷鸟,动物学术语;②花名,植物学术语。

管:①管道,如无缝钢管;②掌握,如管自己的事;③代替"把"的前置动词,如老乡们管拖拉机叫大火犁。

2. 第二种类型

第二种类型主要在口语中存在,它们语音相同但字形不同。这类词一般称为同音异形词或等音词。

例如：

班——斑

八——扒——笆

汉语中这种类型的同音异形词分布得更多。

3. 第三种类型

第三种类型主要在书面语出现，它们字形相同但语音不同。这类词一般称为同形异音词。

例如：

还(hái)——还(huán)

重(zhòng)——重(chóng)

长(cháng)——长(zhǎng)

同音异形词可以合并为同音异形词群。

例如：

熬:熬了一锅粥。

熬:熬了三年了。

才:刚才,方才。

才:才能,天才。

材:木材,棺材。

财:财富,财宝。

裁:剪裁,裁出。

书面上的字形差异可以降低同音同形现象的数量,但在口语中不行。

同音异形词可以由单音节词构成的,也可以由双音节词构成。

例如：

里子:衣服反面。

里子:衣服的衬里。

李子:李属植物。

栗子:栗属植物。

同音异形词甚至可能是由方言和古语词构成。

例如：

大班：旧时称洋行的经理。

大班：幼儿园里由五周岁至六周岁儿童所编成的班级。

汉语中同一个音节可以对应不同的汉字，同样一个汉字也可以有几个不同的音节，因此汉语中有相当数量的等音词和同形异音词。

三、词汇同音异义的来源

单音节同音异义词的来源：①在语言历史中语音演变的结果；②多义现象的分化；③外来词；④构词法过程；⑤缩略词。

双音节同音异义词的来源主要体现在两种类型：①构词法过程；②多义现象的分化。

我们已经发现在汉语中语音上的同音异形词由等音词发展而来的比较多，多数等音词的存在是由汉语音节构成方式决定的。汉语的语音系统中总共有 420 个音节（统计声调的差别后是 1328 个音节），这些音节可以构成成千上万的词汇。

我们发现在汉语发展历史过程中同音异义词的构成主要是由于语音的变化引起的。在这个过程中，一个词的结构被简化从而产生了同音异义词，可以归纳为三组：①韵母系统的变化；②声母系统的变化；③声调的改变或简化。

从音节数量与汉字数量比例可以看出汉字的特点，即用少量的音节便可以指代大量的汉字或词汇。每种语言都有丰富的拼写形式，拼写过程的结果是一个音节承担起几个意义，它们之间可能有相互的联系，构成一个词的不同意义系统，但也可能相互间没有联系，构成同音异义词。

以下是由于各种语音过程变化而形成的同音异义词的例子：

代（时代）——贷（贷款）（初始韵母不同）

天（天空）——添（添加）（初始声母不同）

后（后来）——候（等候）（初始声调不同）

同音异义词的产生是由于多义词意义分化的结果，也就是一个词分成多个词的结果。多义词的所有意义之间都是相互联系的，一个意义要以另一个意义为转移，或者一个意义发展成另一个意义。也会出现这样的情况，在意义关系链之间的某个位置出现断裂，产生了同音异义词。例如，"月"（月亮）和"月"（月份）就是由于意义转移而产生的——来自月相的完整周期和这个周期所花费的时间。

"仪表"这个同音异义词的产生过程就是这样的。语素"仪"有多个含义：①容貌,举止;②法度,准则。语素"表"也有多个含义:①外表,外貌;②表率,标准。由此就产生"仪表"这个词的意义:①人的外表(包括容貌、姿态、风度等,指好的);②行为规范(准则)。"仪"的另一个含义为"仪器","表"的另一个含义为"计时的器具",因此"仪表"这个词又产生了"测定温度、压力、电量等各种物理量的仪器"这样的含义。"仪"和"表"两个语素的三个意义产生了"仪表"三个同音异义词。

准确地说,由于多义现象分化产生了同音异义词。例如,"一刻钟"和"雕刻"("刻蜡"表示"标注时间")。由此可以看出"一刻钟"和"雕刻"的"刻"在表示时间含义时是同一个词。它们现在的意义已经看不出彼此之间的联系了,它们变成了同音异义词,意义上没有了联系,因此失去了最初的联系,并且随着意义的发展其中间过渡的环节也消失了。

由于多义现象分化还产生了"好(hǎo)"和"好(hào)"这样的同形异音词。

同音异义词的来源还有另外一个原因,这就是外来词的借用,但是它们在汉语中的作用没有像在其他语言中那么大。首先语音的借用在汉语中的数量是极其有限的;其次,这些借用它们通常是多音节的,很少由发音相同的音节组成。这涉及借用进入到汉语中的音节数量要符合汉语常用表达习惯,这样的借用增加了同音异义词的数目。

例如:

米:①去皮、壳的谷类;②小粒像米的东西。
米:长度单位(外语借用)。

瓦:①屋面建筑材料;②泥土烧制的器物。
瓦:功率单位,"瓦特"的简称(外语借用)。

墩:土堆。
蹲:屈膝,臀部不着地。
吨:质量单位(外语借用)。

在这些例子中,这些词和借用的词有相同的语音。

许多表示尺度、重量、长度等双音节形式的外来词进入到汉语往往缩减为单音节。如果双音节形式它们不是同音异义词,那么单音节形式就增加了数量。例如,语音借用的"米突"、"米突尺"不是同音异义词,这个词的缩减形式"米"和汉语的"米"(谷粒的米)构成了同音异义词。

方言形式也是现代文学语言中同音异义词的来源,它们是借方言而进入到汉民族共同语的。外来词和方言词都在文学作品中使用,是为数不多的单音节同音异义词的构成来源。

各种构词形式也是同音异义词的来源,其中包括固定下来的单音节后缀"儿"。词素和后缀"儿"组成一个音节,这被称为儿化音节,根据前一个词的韵母特点,有不同的发音方式。在某些情况下,某些单音节的同音词在语音上无法分辨其意义,但添加后缀"儿"就会形成同音异义词,可以更好地分辨其意义。

例如:

言儿　盐儿　沿儿

牙儿　芽儿

缩略词的构词过程也是同音异义词形成的途径之一。

例如:

外部——清末"外交部"的简称。

外部——"外面的部分"的缩写。

缩略词可能有这样的情况:①构词中的两个词都是缩写;②构词中有一个不是缩写。

在汉语中用缩略方式构成同音异义词的情况很少。汉语中同音异义词既有单音节的,也有多音节,但是单音节同音异义词要多得多。双音节同音异义词可能是由于构词过程产生的结果,因此单音节同音异义词占主导地位。

两个单音节同音异义词又构成了同音词,这是很容易理解的。可以说,复合词的同音异义现象的产生和存在都依赖于单音节同音词。

例如:

预言　寓言

第一个成分是单音节的同音异义词"预"(事先,预先)和"寓"(寓言),第二个成分是一个相同的语素"言"。

同音异义词包含一个相同的语素和一个同音异义的语素。

例如:

愚人　渔人

第一个成分是单音节的同音异义词"愚"(愚蠢的)和"渔"(捕鱼),第二个成分是相同的语素"人"。

由成对的单音节词构成双音节的同音异义词。

例如:

西历　吸力　淅沥

第一个成分"西、吸、淅"和第二个成分"历、力、沥"都是同音异义词。

多音节词主要是通过一个同音异义的词根加上相同的后缀构成。

例如：

冻子——冻

洞子——洞

以上所举的例子表明，单音节同音异义词是构成多音节同音异义词的基础。因此，汉语中词语的双音节化现象也不能完全排除同音异义词，虽然双音节化已经缩减了很多同音异义词。例如，单音节词"事"在汉语中有相应的17个同音异义词，而双音节词"事情"就没有同音异义词。但是，在汉语词汇中同音异义词还占有很大的数量。

例如：

行事　刑事　形式　形势

实际上，同音异义词不是汉语意义理解的障碍，因为它们几乎总是被语言情境或上下文所抵消。

例如：

这片森林树木很多

在这个整段的上下文中"树木"这个词不能用"数目"去代替。类似的这种情况，在交流中不会产生障碍。

在交流中产生困难的经常是这些情况，当同音异义词进入了类似的上下文中。

例如：

油船　游船

这就可能造成误解，在大部分情况下歧义都可以通过上下文来化解。在这种情况下，当同音异义词成了交流的障碍，汉语就会使用各种不同的方法来消除它。

四、消除同音异义词的方法

首先，现代汉语发展过程中许多单音节词演变成了双音节词。特别是汉语语音的音节结构和词法上的特点是同音异义词发展的特殊原因，这也是汉语词汇双音节化的原因之一。

一些单音节的同音异义词变成双音节后就不再是同音异义词。例如，单音节的"优"和"忧"是同音词，但它们的双音节形式已经不是同音异义词了。

优良　忧愁

第二，汉语中有很多意义相近或相似的语素，为了避免同音异义词的不利影响，在相同的条件下可能相互使用。

例如：

遇见　预见

"遇见"可以用"遇到"或者"碰见"代替，就是为了和"预见"相区别。

第三，在汉语中有丰富的同义词汇，在一些情况下为了避免同音异义和同义词混淆，可以在不改变意义的情况下相互替代。

例如：

石油　食油

为了区别于"石油"，"食油"可以用"食用油"代替。

另外替换的例子：

里　浬

为了排除同音异义词，用"海里"代替了"浬"。

又如，"出口"（经济学术语）和"出口"（安全出口），当需要使用第二个同音异义词而区别于第一个时，增加了一个"处"——出口处。

还有一个例子：

出版　初版

当需要使用第二个同音异义词而区别于第一个时，一般用"第一版"。

◆检测题

(1) 什么是词汇的同音异义现象？

(2) 同音异义词和多义词有什么区别？

(3) 汉语中同音异义词有哪些类型？

(4) 汉语中双音节词增加的原因有哪些？

(5) 汉语中同音异义词的来源有哪些？

(6) 消除同音异义词的方法有哪些？

◆练习题

(1) 举几个汉语和俄语的同音异义词的例子。

(2) 你所知道的"米"、"瓦"、"吨"有哪些同音异义词。

(3) 说一下"卡"这个词所有的同音异义词，并指出在上下文中使用的例子。

(4) 同音异义词"刻（一刻钟）"和"刻（雕刻）"是怎样产生的？

（5）同音异义词"月（月亮）"和"月（月份）"是怎样产生的？

（6）把下列这些词翻译成俄语：

月刊　月亮　月球

月票　月初　月中

月底　月牙　月食

（7）请用同音词对"副（属性词）"和"副（用于成套的东西）"翻译以下词语（现代汉语词典上有副[1]和副[2]）：

вице-президент

доцент

полный комплект приборов

пара перчаток

（8）请使用下列同音异义词造句：

好（hǎo）——好（hào）

仪表（外貌，姿态）——仪表（仪器）

第十四章 外 来 词

学习目标	了解汉语中从其他语言的借用方式
学习提纲	(1) 外来成分借用的原因 (2) 借用的五种形式 (3) 借用的词缀

一、外来词借用的原因

汉语发展的各个时期，在原有词汇的基础上构成新词是词汇丰富的主要方式。汉语词汇还有另一个补充来源，这就是外来词，这些外来词的借用——全部或部分使用其他语言的词汇单位。一种语言影响另一种语言最鲜明的表现不是在语音和语法上，而是表现在一种语言借用另一种语言的词汇成分。通常，新的事物或现象连同它们的名称一起被借用。

在汉语漫长的历史中，大量的外来词渗透到汉语中。这个借用过程不是消极的影响，相反，它丰富了语言，使汉语变得更加富有表现力。在这种情况下，汉语对任何外来语言都表现出极强的包容性。外来词进入汉语后，汉语会根据其发展的内在规律进行改造。如果外来词包含不属于汉语语音系统特征的语音，则汉语会根据其语音系统改变外来词的发音方式来适应。外来词中具有独特个性的语音成分，在汉语语音系统中没有对应的语音，只有通过这样重新改造，它们才能稳固地进入到汉语中，它们才获得新的意义。外来词借用，可以说，至少有两个主要的原因：

第一，表达新价值观念的需要；

第二，需要更新词汇系统，用新的、更具表现力的词汇替换失去表达能力的原有词汇。外语词汇的时代特征、流行度和时尚度也要考虑在内。

在第一种情况下，词汇借用没有同义词，而在第二种情况下，由于借用，出现了同义词。在借用的词表达了新的意义并且保留了自身的风格特征后，这样词汇就更好地传播开来。

借词如同词汇组成部分一样处于变化和发展的过程中,它可以改变自己的形态。借用的可能不只是词,也可以是外来词的构成成分。

虽然汉语中外来词的数量每天都在增加,但是它不像俄语或其他语言数量那样大。这可以用两个主要的原因来解释:首先,封建制度的长期存在,因此中国相对比较保守、封闭;第二,语言学的原因,也就是汉语语言的结构、象形文字等。

19世纪末以来,中国和外部世界频繁接触,由此,外来词的数量增加了。在当时出现了大量的新词。

例如:

乌托邦　托拉斯　瓦特

巧克力　的确良

古代的一些借词还一直保存到现在。

例如:

葡萄　菩萨　罗汉

石榴　檀香

最近20年出现了一些新词。

例如:

迪斯科　拉力赛　保龄球　摩托车

所有借用的外语词使用范围都可以分为这四类:

(1) 宗教和仪式;

(2) 社会和政治;

(3) 军事;

(4) 日常生活(家具、服装、住所、食品、饭菜、饮料、药品、农产品、交通设施)。

最近一段时间外来词开始变得越来越多,它们需要记录和描述。同时,在借用外来词时,出现了发音的完全汉化。因此,外国人有时将其视为原始词汇单位,但操汉语母语的人却清楚地将其视为借用。至于以语义方式借用的词,有时很难将它们与原始词汇单位区分开来。

二、外来词借用的五种方式

汉语词汇中,外来词借用的方式可以分为五种。

1. 第一种:语音方式

它包括转述外语成分的语音,即所谓的"音译"。在汉语中外来词或借词可以是单音节的。

例如：
恤　秀
大多数语音借用是双音节的，也有三音节的。
双音节借用。
例如：
菲林　休克　卡他　居里
咖啡　可可　柠檬　沙发
拷贝　吉他　扑克　淋巴
幽默　夏普
三音节借用。
例如：
凡士林　婆罗门　模特儿　康拜因
卡路里　卡拉特　喀秋莎

通常外来词语音的音节数量（书面上的）不超过五个，大多数情况下认为汉语语音借用比其他方式好。当语义方式不能完全准确转述外来词的意义时，就使用语音方式借用。

舞蹈和音乐的名称。
例如：
迪斯科　恰恰
货币单位的名称。
例如：
卢布　戈比　马克
法郎　生丁　比索
克朗　第纳儿
例外的是美元。

部分外国药品，例如 кодеин（可待因）有三个汉语翻译方式，区别在于第二个音节相应地写作不同的汉字：可第因、可待因、可提因。амидопирин（氨基比林）有两个汉语表达方式：氨基比林、氨漆皮林。

汉语词通常是单音节和双音节的，在新词中也会出现三音节、四音节和五音节的，但它们只占词汇量的一小部分。在英语词缀发达的情况下，多音节词相对较多。而基于这种差异，英语单词在语音传递时，音节收缩，数量减少。这符合汉语简练扼要形式的要求。

在新的语音借用中力求达到声音和意义都符合汉民族的语言表达习惯。当然,这个联系是要和群众接受新消息的方式和吸引力相关,甚至还要符合语言使用者的心理需求。研究语音借用可以细心观察汉民族创造新名称的心理。在最近十年出现了很多新商品、商行和公司,人们经常赋予它们外语名称,形式上是语音借用,但是书写这个名称的汉字,是为了引起消费者的注意和传达积极的意义而选用的相关广告语。例如,饮料"кока-кола(可口可乐)"写的汉字就是"可口可乐"(每一天都给予快乐),而"пепси-кола(百事可乐)"——百事都可乐。

广告、招牌中的语音借用一般是为了使商品对买家更具吸引力。随着广告中借词的广泛使用,语音形式被保留下来,借用词汇自身的原始意义以及使用背景则逐渐消失。

语音外来词在任何语言中都显得陌生,尤其是在像汉语这样的孤立语言中。众所周知,在表音文字中音节划分在形态上很重要,外来词的内部形式对于汉语母语人士来说被理解并且同化都是有一定困难的。但是,涉及体现现代元素的广告语这一部分外来词,与汉语中的古语词区分特别明显。

在许多情况下,语音借用取代了语义借用,特别是那些经常使用的科技术语,可能科技术语更希望追求国际化。例如,"逻辑"这个词最开始是语义的借用,翻译成"名学",后翻译为"伦理学",最终,它的第三个名称"逻辑"取代了前面两个纯粹是语音的借用,在它的基础上又派生出:

形式逻辑　数学逻辑　辩证逻辑

毫无疑问,术语的国际化有自己的优势,它能促进相互理解和使学术交流变轻松。但是,在其他情况下,只能实现近似的语音对应,这就像药品制剂"雷米风"的翻译一样,在汉语语音音节系统没有和"ри"和"фон"相对应的音节,而它们最终被相应的"雷"和"风"代替了,与借词的发音相差甚远。

"麦克风"这个词翻译成汉语就是语音借用:

扩音器——麦克风

语音借用是新名称产生的重要途径,从而有助于补充词汇。

例如,"拷贝"这个词翻译成汉语也是语音借用:

副本——拷贝

从这里派生出"电影拷贝"这个词。

"吉他"这个词(语音借用)有以下的派生:

电吉他　弹吉他

"巧克力"这个词(语音借用)有以下的派生:

巧克力糖　巧克力蛋糕

"巴士"这个词(语音借用)有以下的派生：

巴士站　双层巴士

2. 第二种：语义、语音混合方式"汉语语素＋语音借用"

借助于成分"卡"(英语 card)构词：卡通常指矩形厚实的硬纸板。

例如：

登记卡　电话卡　生日卡　贺年卡

圣诞卡　贵宾卡　税卡　绿卡

"卡"在下面形式中使用具有单独的意义。

例如：

打卡　旧卡换新卡

3. 第三种：语音、语义混合方式"语音借用＋汉语语素"

由于汉语音节数目有限，同样一个汉字可能记录几个外来词。例如，读"卡"的这个汉字除了成分"卡片"之外，还表示以下借用语素："卡带"、"卡车"、"卡路里"。当传达英语 cassette 的意思时，第一个音节的发音与"卡"吻合，"卡"这个成分和成分"带"构成"卡带"，意思是小盒子的磁带。

书写"盒式磁带"一词时，这个词用汉字记录下来是"卡"这个符号成分：

单卡　双卡

成分"卡"翻译成汉语还有一个借用——car，英语指"汽车、卡车"。在这个意义上构成以下的派生：

三轮卡车　十轮大卡车

再举一些例子。热量单位"калория"(英语 calorie)翻译成三个汉字"卡路里"，并且使用缩减了的方式"卡"。它进入到术语成分：

千卡　大卡　小卡

甚至术语"克"也属于单音节借用。

4. 第四种：语音、通用词相结合方式"语音借用＋通用词"

汉语语音借词的特点就是用汉字记录语音形成构词成分，这样更易于将它们引入各种语义结构类型的词语中。在语音借词中，有很多不同的食品、酒名、车辆等。

例如：

来复枪　坦克车　吉普车　沙丁鱼

淋巴液　探戈舞　波尔卡舞

朗姆酒　啤酒　马德拉酒　伏特加酒

英语 butter 可译为"白脱"或"白脱油"（在对成分进行分类的注音中添加了一个通用词"油"）。在汉语中，还有两个描述性的词，黄油的名称："黄色的油"和"牛油"（在中国南方）。

本质上，一个通用词是多余的，因为它没有在词的语义中引入任何新的东西，而只是更准确地说明语音借用。因此这个类型的一些外来词在长期的使用过程中表现出丧失了通用词的意义而变为纯粹的语音借用。

例如：

香槟　坦克　伏特加　马德拉

吉普　伦巴　波尔卡　高尔夫球

5. 第五种：语义方式

汉语的特点（汉字、语音系统、音节特点）说明了这样的事实，外来词的翻译不只是由语义借用转向语音借用，也有相反的情况。例如，"电话"替代了"德律风"。

"维他命"这个词也有类似相同的情况。首先这个词是英语 vitamin 的语音借用，是语音和语义的借用结合在一起，它的释义为："人和动物所必需的某些微量有机化合物，对机体的新陈代谢、生长、发育、健康有极重要作用，一般由食物中取得。现在发现的有几十种，如维生素 A、维生素 C 和 B 族维生素等。旧称维他命。"（逐字逐句翻译为"维持他的生命"，汉字记录为"维他命"）最终它的表达方式为"维生素"——生长所必需的少量有机化合物。这个语言事实说明，外语名称不是永远都是这样的，它是可以改变的，这是语言发展过程中必然的现象。

要注意这个事实很重要，汉语同一个概念可以用不同的方式表达——语音的和语义的。

例如：

布拉吉——连衣裙

荷尔蒙——激素

来自英语的"生活质量"或"生活质素"属于新的语义借用。

三、借用词缀

应该注意的是，在外来文化的影响下，原有词语在借用其他国家生活的实际和理解外国文化时出现了新的意义。例如，现在中国到处都可以看到"中心"这个词进入到词汇中(关于这个词在十五章《新词》中有详细的解释)。

在汉语新的词汇中出现了较为普遍的一个现象,即借词化为词缀。"超"的最初意义是"超出平常的"、"比自身优秀的"。最近一段时间"超"和"超级"作为很多新词的第一个成分开始在使用,不断地变成前缀"超"、"超级",表示某种性质程度高或者类似的东西中最好的。带有这些前缀的词具有无限的构词能力,它们不仅涉及科学技术领域,也适用于一般的词汇中。

例如:

超人 超级儿童 超级富翁

超级俱乐部 超级明星 超级市场

词缀"超级"不断地扩大使用的范围。

◆检测题

(1) 什么是外来词?

(2) 外来词借用的原因有哪些?

(3) 汉语中外来词的借用方式有哪些?

(4) 汉语中哪种外来词借用的方式比较多?

(5) 汉语中外来词的发展趋势是什么?

◆练习题

(1) 把下列语音借用词翻译成汉语:

модерновый

пенициллин

мотор

Дума

кофе

какао

катюша(ракетный миномет)

мороженое

бар

(2) 举几个汉语单音节和双音节借用的例子。

(3) 举几个外语货币单位的名称。

(4) 把下列词汇翻译成汉语：

супермодель

супермаркет

супермен

супердети

супервумен

суперзвезда

супердержава

суперклуб

(5) 把下列外来词翻译成俄语：

电脑　国际网络　苏打水

巴士站　酒吧　咖啡

摩登　超人　迷你足球

吧女　双卡　单卡

(6) 举几个带词缀借用的例子。

(7) 以下借用属于哪种方式,并把它们翻译成俄语：

沙龙　卡　马力

蜜月　派　戈比

双卡　单卡　杧果

引得　布拉吉　逻辑学

芭蕾舞　啤酒　白脱

冰激淋　音乐卡

(8) 举三个第二个成分是"логика（逻辑）"的外来词的例子。

(9) 举出带有外来派生成分的词语例子。

(10) 说出以下词语的其他借用词：

原本　激素　黄油

酒店　伦理学　扩音器

连衣裙　维生素　公共汽车

第十五章 新词的构成(首篇)

学习目标	学习和了解现代汉语词汇中新词的构词过程
学习提纲	(1) 新词语的构成方式 (2) 新词的例子 (3) 现代汉语词汇的发展趋势 (4) 汉语词的构词方式 (5) 新词语的表现形式和成分结构 (6) 数词的魔力

以下两章中提到的问题在之前的材料介绍中已经在一定程度上有所涉及。这一章开始我们把它们作为专门研究的对象。

一、新词语的构成方式

1979年以来,中国走上了改革开放的道路。中国社会生活的巨大变化体现在语言的词汇上,出现了大量的新词语——新词、新语、新用法。

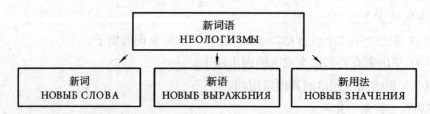

新词的创造通常是在基本词汇的基础上产生的,它们的出现和以下的情况相关:

(1) 它们应该反映当今社会的发展。
(2) 它们明确表达意义。
(3) 它们必须被社会接受并广泛使用。
(4) 它们必须符合汉语构词的规律。

二、新词的例子

每年汉语词汇都会出现大概 800 个新词,这些新词大部分存在的时间比较短,就像流星一晃而过。也有一部分,不需要语言学家进行规范,自发地被广泛传播。这样的新词语已经大量使用。

例如:

竞争　下岗　破产

BP 机　T 恤衫　练摊　大公共

驾校　小时工　多媒体　上班族

白色污染　绿色食品　电视商场

信息社会　电子游戏机　菜篮子工程

时尚　新技术产业　股票市场

证券市场　竞赛市场　广告市场

动迁(двигать)——переселять,这个词的意义不是平常的普通的搬家,而是拆除旧建筑,它既可以是住宅楼,也可以是企业。在"动迁"这个词的基础上产生了派生词"动迁户",意为"被搬迁的家庭"。

在新出版的政治、经济出版物和报纸、杂志上常常会遇到很多新词。最近几年在报纸杂志上最常用的新词有:

改革　市场　国情

表明历史、民族、文化特征等有关国情的词语比较难翻译。与此同时,与新时期相对应的概念也出现了:

市场经济　再就业　人才市场

报纸上经常会有这样的说法:

推向市场是个过程

发挥主体作用开拓再就业市场

把蛋糕做大

面向市场

开拓市场需求

谈及"可视电话"在中国的发展,它意味着这样的事实,"可视电话批量上市"。出现了"股份制有限公司",产生了一系列表示股票领域等各种现象的新词。

"牛市"意味着"股票上涨",相反"股票下跌"是"熊市"。对于股票的大幅上涨,叫"大盘",相反的过程叫"套牢"。出现了新词"股民",这是指通过股票赚钱的群体。

改革开放过程中,广泛使用的动词"做",经常出现在以下语境中:做生意、做买卖、做市场。在和新现象相关联的日常生活中,也产生了一些其他的新词。

例如:

送快餐　送报　直销

市场关系甚至已经渗透到体育领域,以下新表述就是例证:

例如:

世界足球市场

足球训练市场

球迷观众市场

教练员和运动员商品市场

在中国出现了农村劳动力大量涌入到城市的现象,即民工潮。农民通常在建筑工地工作,故称"候鸟",简称"工地临时工",由此现在出现了新词"打工"。

市场关系导致了一系列与城市和农村户口相关的新词。

例如:

打工仔

农业户口

非农业户口

农业户口转非农业户口("农转非")

相反,"非转农"。

还有一些词:

大款　大腕

20世纪80年代初在词典中收录有一个新的词——助学,它经常和"自学"这样的表述在一起出现:"开展助学活动,鼓励自学成才"。

"助学"这个词通常在句子做宾语和定语。现代汉语词典收录了"助学金"这个词,给出以下解释:(政府、社会团体等)发给学生的困难补助金。

在珠海经济特区,有比其他地区早出现的一些词,例如,"观光"、"乡村旅游"(认识大自然,探索生产茶、蔬菜和其他农业产品的过程)。它们体现了中国社会生活的新现象:旅游部门的发展与参观农业区、名胜古迹、畜牧业中心、茶园、农产品和原料加工的企业紧密相连。

出人意料的是,手提式电话"大哥大"已经不再引起人们的惊奇,在日常生活中早已司空见惯,现在通俗地简称为"手机"。

如今"手机、房子、汽车"已经代替了原来贵重的"手表、缝纫机、自行车",甚至还出现了新的三大件:彩电、洗衣机、冰箱。

几年前,很多东西都是新鲜的事物,如扎啤和易拉罐,还有中国人不经常去的肯德基和麦当劳,等等。

饺子、面条、馒头,这些美食在中国是最常见的大众主食。现在人们已经很好地了解"厨房主食",人们的饮食变得更加多样化,随之出现了"餐桌经济"(新概念和对应名称)的新表述。

新词汇反映了对生态环境问题的关注。

例如:

绿色蔬菜　有机农业

绿色食品　无公害蔬菜

"酒吧"这个词是从外面传来的,具体时间已经无法确定。随后出现了"网吧"、"氧吧",很难预料,还会有什么样的"吧"出现。

随着科学的发展出现了一些表达科学概念的新词。

例如:

克隆　信息高速公路

技术含量　知识经济

随着网络的出现,以下的一些新词和新语进入了日常生活中。

例如:

网友　网民　网址　上网

你可能会问:"你上网了吗?"在报纸公告栏上可以看到"网上招生"。很难统计出和"网"相关的所有词。

随着人们文化需求的提高和富裕程度的日臻完善,词汇的活跃度攀升,出现了体现新事物的词汇。

例如:

健身操　减肥茶　打保龄　看大片

电视系列片　电话新年　电话购物

高速公路　特别快车

"高雅音乐"开始成为时髦高雅的音乐,同时还产生了流行舞蹈"迪斯科"。

在体育运动中也出现了一些新词,因此近年在中国出现了:

高尔夫球　健美操

健美操,按字面意思为"健康并且令人美丽的体操"。

新词经常出现在日常口语交际中,借助于各种方式构成。例如,利用相近的语音有时会具有双关谐音的特点:

气管炎——妻管严

妻管严,逐字逐句地译为"被妻子严格掌控的丈夫"。新服饰也引起了新词的出现,如"牛仔裤"。

三、现代汉语词汇的发展趋势

当前产生了数量越来越多的新词语,下面引用一些令人信服的例子来说明在最近二十年汉语词汇的发展趋势。

第一,新词语的绝大多数是派生词。

可以这样理解:利用已有的构词模式和成分(基本词汇)构成新词,比创造一个语义不明确的新的语音复合词要相对轻松些。

第二,大多数新词是多音节词(两个和多音节的)。

新词也包含更多的比单音节词更稳定的短语,也就是采用现有的语言成分构成新词比创造新的语言成分更便捷。这样构成具有成语特点的固定词组,理解和使用更方便。

例如:

美育　快餐　科盲

展销　收录机　方便面

第三,许多新词已经具备了通用的语言特征。

它们被社会所接受,出现在人们的日常语言中,被收录到新词语词典中。应该注意的是,这个词如果已经被普遍使用和理解,这个词就具备了一般词汇的特点,而不再是一个新词了。

第四,公众人物、作家、记者也创造了数量颇大的新词语。

从修辞学的角度来说,新词语的产生具有随机偶然性,它们需要经过一定时间的沉淀才能进入新词语词典中,例如,"打飞的"(意思是坐飞机就像坐出租车一样便捷)。

需要指出的是,构词是个灵活动态发展的过程,在词语实际产生过程中,词汇的使用频率和稳定性在短时间内很难判定,因此不可能严格地去划清词和随机词是一次性使用,还是经常使用,是退出当前使用环境还是进入到语言生活中。

第五,新词语是按照规范的构词法形式创造的,即它们不能破坏汉语由来已久的词汇组合的规范,因此,它们的内在形式清晰,容易被社会记住和接受。

新词语不仅具有明显的内部形式,也能体现词语科学性和特殊术语的专业性。

例如:

丰产田　晒图纸

第六,新词有很大的一部分是借助于后缀、类词缀和前缀构成。具体的我们在第十六章详细地说明。

第七,许多新词是语音的借用。

在20世纪80年代,"的士"这个词开始被用来指代出租车,连同汉语已经存在的词语"出租车"同时使用。这是英语 taxi 的语音借用,也就是英语词翻译成汉语的形式,这样就产生了"的士"这个词。

稍晚出现了"打的"这样的词,它成了词组"坐出租汽车"的衍生词。

"公共汽车"与"巴士"共存,同时出现了"摩的"、"的哥"、"的姐"这样的词。

第八,新词可以通过语义构词方式产生,因为它们不仅可以命名现象,而且赋予词语和短语新的风格特征。

例如:

希望小学　绿色食品

心理咨询　求救电话　投诉电话

甚至可能是以混合的方式构成新词,一部分成分来自语音,一部分是语义借用。

例如:

面的——面包车的士

第九,具有汉语特色的各类缩略词迅速发展。

例如:

干修所——干部修养所

电大——电视大学

轻纺——轻工业,纺织工业

请调——请求调动

高干——高级干部

驾校——驾驶学校

小教——小学教师

随着电视的广泛传播,也出现了带有成分"视"的新词——代替了"电视"的缩写。

例如:

影视剧本　　影视小说　　影视工作者

新词有时以缩略的形式出现,有时也以全称的形式出现,例如,"彩电"是"彩色电视机"或"彩色电视"的缩写。

在社会生活中缩略词具有跟全称一样的信息量,可以让人们了解社会生活中的新现象。它们出现的原因是语言具有经济原则。语言在使用的过程中,说话者力求挑出最合理的方式,在保留原有信息的条件下遵照节省的要求。

最初,缩略形式作为次要名称出现,在这方面,它们可以看成是词汇信息的冗余。后来,缩略形式往往取代全称成为所要表达概念的规范形式。它们经常出现在报纸、杂志上,被广泛使用,成为大众的常用词汇,并保留在语言中,作为词条收录到词典中。

外来词的缩略形式甚至可以直接进入语言中,例如,QC表示"质量控制"。

第十,词汇中也有一部分这样的外来词,它们没有翻译成汉语,而是外语夹杂中文的类型。

例如,"B超"、"BP机"。这说明这些词不是按照汉语的表达习惯构成的,也不是按照字面逐字逐句地翻译,目前它们仍以这样的方式存在,它们作为"字母词"的形式存在于汉语词汇中。

四、新词的构词类型

限定类型是构成新词的常用类型。

例如:

大农业　　大教育　　大环境

小环境　　耳机　　听筒

小环境,指某个组织、单位的条件和周围情况。

小太阳,指被大人惯坏了的唯一的孩子。

大农业,指林业、畜牧业、副业、渔业。

大男大女,对没成家的青年的通用称呼。

大棚菜,指温室里培育的蔬菜。

大环境,指对社会、经济有比较大的影响的环境。

有意思的是,"大环境"和"小环境"成对使用。例如:我们已经有了一个保证改革全面展开的"大环境",还需要有一个能够理解、宽容和帮助改革者的"小环境"。

举几个借助于属性类型关系构成的限定类型的新词例子。

这种类型的新词大多数是三音节的,它们的音节构成是2+1,其中决定第二个成分的第一个成分是双音节的。

例如,保温杯,在这里第一个成分是"保温",它由两个音节成分构成——动词和名词,"保"指向客体"温",第一个成分和第二个单音节成分"杯"结合起来,构成了限定关系的词语。

换句话说,"保温杯"就是"有保温作用的杯子",或者"杯子形状的小型保温设备"。在中国保温杯很流行,它们可以泡茶,因为这种杯子有拧紧密封不透气和瓶胆厚壁这样的结构特点,可以持久保温。它们通常外表华丽精美,同时轻便、易携带,这种保温杯适合职员、大学生等随身携带或者在办公、学习等场所使用。现代汉语词典中没有这个词,只收录了"保温瓶"。

再举几个其他的例子。

例如,健身车,这种类型的自行车(带有踏板的装置)的功用是改善身体健康。根据这个词的语义结构,它可以定义为健身车。其结构如下图所示:

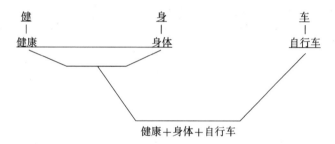

类似的,还有以下例子。

茶水站,其结构如下图所示:

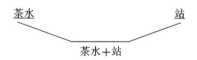

报刊亭,其结构如下图所示:

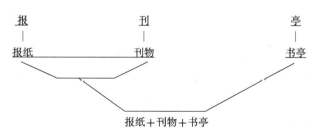

健美操,其结构如下图所示:

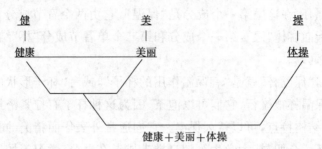

健康+美丽+体操

五、新词语的表现形式和成分结构

每一个词汇单位都是声音和意义的结合体,另外有些词还有自己的成分结构和表达形式。如果我们从词的组成成分的角度来判定词汇意义是否是新词,那么我们将面临以下几种情况(理论上是可能的)。

编 号	成分结构	表现形式	例 子
1	新	新	健美操,的哥,的姐,海姐
2	新	旧	红娘
3	旧	新	的士(出租汽车)
4	旧	旧	——

1. 第一种情况

健美操,这里成分结构和表现形式是新的。

的哥,这里成分结构和表现形式是新的。

的姐,这里成分结构和表现形式是新的。

海姐,这里成分结构和表现形式是新的。

2. 第二种情况

红娘,是中国传统戏剧《西厢记》中女主角的婢女。后来她的名字成了普通名词,表示媒婆。现代语言中它获得了"中介人"的意义(在某些事务方面,例如,贸易的、商务的。)这里表现形式是旧的,而成分结构是新的。

3. 第三种情况

"的士",这是英语 taxi 的语音借用。在汉语中已经有了这样意义的"出租汽车",因此这里表现形式是新的,成分结构是旧的。

4. 第四种情况

实际是不可能的,因为词已有的成分结构和表现形式,不可能是新词语。

六、数词的魔力

最近在汉语词汇中经常使用第一个成分是数词模式构成的复合词,这个特点与中国人的习俗、文化心理有关系。从国家和文化的角度来看,数字结构很有趣。数词的魔力反映了中国古代的民族习俗。例如,在中国古代封建社会遵守"三纲五常":君为臣纲,父为子纲,夫为妻纲,仁、义、礼、智、信。

第一个成分可以使用以下数词:

一 二 三 四
五 七 十 双

举几个第一个成分中出现数字"三"的一些词组。

三餐:早餐、午餐和晚餐。

三老企业:乡镇企业、外资企业和特别经济区企业。

在我们这个时代还使用"三好":身体好,工作好,学习好。

三字一话:表示"师范学校学生养成的日常习惯——会写毛笔字、钢笔字和粉笔字,甚至会说普通话"。

三个面向:面向现代化,面向世界,面向未来。

三高:高产量,高质量,高效益。

三个有利于:有利于发展社会主义社会的生产力,有利于增强社会主义国家的综合国力,有利于提高人民的生活水平。

三讲:讲学习,讲政治,讲正气。

◆检测题

(1) 什么是新词?它包括哪些类型?

(2) 近二十年来中国出现大量新词的原因是什么?

(3) 市场经济对汉语词汇有什么影响?

(4) 说说过去二十年汉语词汇的发展趋势。

(5) 汉语中哪些新词比较多?单音节还是多音节?

(6) 请简述汉语新词中缩略语的发展特点。

(7) 在新词的构成中哪一种构词类型最活跃？

(8) 请简要分析新词的表现形式和成分结构。

(9) 你所知道的汉语词汇的数词魔力是什么？你知道哪些带有数词的词语？

◆练习题

(1) 请将下列词语翻译成俄语：

空姐　走资派　冷风机　冰棍机

的士　面的　摩的　送报员

(2) 举几个由成分"小"和"大"构成新词的例子。

(3) 把下列词翻译成汉语：

рыночная экономика

рынок рекламы

рынок соревнований

повернуться лицом к рынку

(4) 请列举出带有"рынок"的新词语。

(5) 请将下列词语翻译成俄语：

健身车　茶水站　报刊亭　健美操

(6) 推断出"可视电话"的意义。

(7) 请把下列的词语翻译成俄语：

酒吧　氧吧　网吧

(8) 请把下列的词翻译成俄语：

健身操　减肥茶　减肥操　减肥药

展销　方便面　看大片　电视购物

(9) 请把下列的汉语翻译成俄语：

四化　双文明　五爱　五讲四美

第十六章　新词的构成(续篇)

学习目标	了解新词的构成类型
学习提纲	(1) 带后缀的类型 (2) 带类词缀的类型 (3) 带前缀的类型

在汉语词汇中,有数量颇多的按照一定的模式类型创造出来的表示事物和现象的一些新词。这些新词由动词或名词添加一系列后缀、类词缀和前缀构成。

一、后缀的类型

1. 后缀"性"

在语言中这个后缀具有较强的构词能力。它充当名词的后缀,相应的俄语后缀是ость。带后缀"性"构成的词既可以是常用词,也可以是非常用词。

例如:

趋向性　一次性　趣味性
侦探性　阶段性　可评性
可查性　可批性　可换性
可听性　安全性　连续性
定位性　危险性　宇宙性
可变性　可行性　易变性
派性　慢性　可操纵性
可接受性

这种构成类型的新词在个别情况下可以用成分"可"替换成分"易",这种可替换性同样也适用于构词前。

例如:

可变性——易变性

可以初步认为,按照这种构词方式可以增加现代汉语表性质和状态的新名称的数量。

2. 后缀"者"

例如:

编者　读者　旁观者

二、类词缀的类型

1. 类词缀"星"

"星"的本来意思是"由炽热的气(原生质)构成的星体,在自然界与太阳类似,在夜空中人的视线看到的闪光的圆点"。(俄语词典)

例如:

星光　星空

晚上能很好地看到北极星。夜晚的天空会出现很多"陨落的星星(流星)",天文学家把它们绘制成星图,成为天文学术语。

例如:

星团　星协　星等　新星

八九十年代汉语借用英语 star 的第二个意义在汉语词汇中流行起来,"在某个领域或范围比较突出的人,也就是名人",这个意义是由"星(天体)"的第一个意义直接引申而来的。我们发现,这个词的含义在俄语中也有同样的发展过程。这里不仅可以说"明星"、"夜空中有很多星星",也可以说"银幕之星"、"明星时刻"、"明星病"、"群星"。

"明星"可以指在某个领域内有一定影响力的人物。最早出现在涉及艺术和体育等领域。

例如:

影星　歌星　球星　舞星

影坛新星　歌坛新星　体坛新星

词组"体坛(影坛)新星"的名称意味着出现了有名的运动员(演员)。这与天文学术语有独特的呼应:天文学术语"新星"表示"刚刚出现的星星、天体",在短时间内它们的亮度可以增加成千上万倍,然后不断地减到最初的亮度。

现代汉语词典给出了"明星"的两个意义:①在古书上指金星;②称呼有名的演

员、运动员。这里举一些使用"明星"的例子：

电影明星　足球明星

体操明星　歌坛明星

"明星"这个词在使用中渐渐扩大了范围,也指经济、贸易、服务等领域表现出色的人。

例如：

销售明星　服务明星

看一则来自报纸的消息:武汉市二青系统22名"销售明星"26日受到表彰。

不仅如此,甚至出现了起着主导能力、成绩斐然的"明星企业",较早地出现了"明星城市"。例如,"这些都是产业发展迅速、进步很大的明星城市"。在中文报刊的网页上,你可以找到"教学明星"即优秀教师。还有"广告明星",这是"艺术明星、体育明星参与广告产品创作的结果"。

"明星"的时尚也触及了服装业。在中国20世纪90年代出现了"明星衫",指明星画像的汗衫,带有"明星"形象的T恤,其特点是描绘了艺术、体育领域等方面有名的明星。这种"明星衫"最先出现在香港,因为其穿着舒适,大多颜色为土黄色、草绿色、玫红色、白色等。

2. 类词缀"热"

一般"热"这个词通常使用的是"热的、炎热的"这个意义。

例如：

热水　天气热

近年来,借助于这个类词缀,由名词成分和动词成分组成了大量有别于传统意义"热",形成了具有"叫喊,热闹起来,热情"语义特征的新词。

"热"可以用来表现在活动、事件或某一领域中自发形成,没有限制,并表现出很大的热情的状态。

类词缀"热"逐渐失去自己原来的词汇意义,它经常和不同类型的词和词组组合。

例如：

养花热　乒乓热　彩电热

女足热　中国热　外语热

减肥热　珍珠热　自行车热

太空旅游热　古典题材热

成分"热"有稳固的构词地位,顺序不能颠倒。例如,"外语热"不能写成"热外语"。又如,"彩电热"不能说成和写成"热彩电"。如果"热"处在词干前,它还完全保存有自己的词汇意义"热的,高温的"。

例如:

热电　热电厂

类词缀"热"通常与两个或两个以上的复合成分组合。

例如:

中餐热　排球热　武术热

数理化热　学前教育热

"热"通常不和单音节词组合,虽然在现代汉语中双音节结构数量相对较高,但不可以说"书热"或"学热",而是说"读书热"或"自学热"。这些限制是由于对意义表达的清晰、明确所要求的。

3. 类词缀"城"

近年借助类词缀"城"创造的名称数量在不断增长。"城"这个词的最初意义是"城市、城镇"。作为类词缀,"城"具有"地方、商场"这样的意义。

例如:

服装城　装饰城　家具城

美食城　娱乐城　图书城

火锅城　电影城　鞋帽城

以上例子中"城"的词义缩小,"城"在这些例子中表示商场、饭店、电影院、休息场所、娱乐场所等区域。这些名称在最初使用时人们还不是很习惯,因为"城"总是表示一定的区域和范围,而不表示一个具体的场所,但随着类词缀"城"的使用逐渐增多,它就成了构成新词语的常用词缀。

4. 类词缀"迷"

类词缀"迷"是对某种东西有某种爱好或癖好的人的称呼,词的第一个成分表明了限定的身份。

根据这个类型,构成的新词如:

球迷　牌迷　舞迷

电视迷　书迷　网迷

芭蕾舞迷　歌剧迷　音乐迷

5. 类词缀"派"

"派"这个词的表示"学派、党派、流派"。类词缀"派"表示因为政治、学术、宗教等因共同利益、态度、愿望和倾向而团结在一起的人。借助于类词缀"派"构成的新词可以按照自身的结构构成，也可以与自身具有逻辑关系或动作客体意义的成分构成。

例如：

改革派　保守派　顽固派

逍遥派　反对派　伸手派

促进派　促退派　两面派

宗派，根据现代汉语词典的解释是"政治、学术、宗教方面的自成一派而和别派对立的集团"。

新词新语词典中包含"派友"这个词："派别"＋"朋友"——"党派集团成员"。

6. 类词缀"盲"

在汉语中很早就有"文盲"这个词，字面义为"文化"＋"盲人"，长期以来一直用来表示"不识字的人，没文化的人"。按照"文盲"的构词类型，最近在汉语词汇中又创造了一些新词。

例如：

经济盲——缺乏市场经济常识的人

卫生盲——缺乏卫生常识的人

电脑盲——缺少电子计算机常识的人

股盲——对股份制以及股票、票市等缺乏了解认识的人

再如：

恋爱盲　科技盲　法律盲

7. 类词缀"机"

借助于类词缀"机"，可以构成表示汽车、机械、仪器、设备等种类名称的新词。这些词中，第一个成分经常是按照自身构造表明机器的功能和用途。

例如：

复印机　录像机

空调机　脱水机

饮水机　冷风机

冰棍机　甩干机

双卡录音机　双缸洗衣机

在最后的例子中有两个确定的成分——"双缸"和"洗衣"。它们中的第一个成分指明两个缸存的结构特点,而第二个成分阐明机器的功能——洗衣。

8. 类词缀"员"

借助这个类词缀,可以构成职业名称或者某一机构的人员。

例如:

普查员　编码员

核价员　晒图员

指战员　送报员

绿化巡查员

9. 类词缀"化"

例如:

知识化　风动化

多极化　多样化

规范化　漫画化

现代化　本土化

一孩化——一个孩子(这个词的出现反映了当时中国推行的人口控制政策"一个家庭一个孩子")。

10. 类词缀"嫂"

近年来,出现了一些新词缀,这些词缀在以往使用中仅仅是普通词汇。汉语有个词表示"哥哥的妻子——嫂子",也可以称呼年纪跟自己差不多的已婚妇女。新词"空嫂"被收入新词词典,给出以下的解释:民航服务员,有丈夫的中年女性,通常在35岁或者更大一些(对比"空少")。

"空嫂"两个字非常准确而简略地表现了职业(民航业)和年龄(中年已婚妇女)的特点。

随后"嫂"这个类词缀在社会的其他领域被广泛使用。按照这个类型,新创造的词语反映了这个年龄段女性所从事的新型工作。

例如:

商嫂　的嫂　军嫂

邮嫂　警嫂　送饭嫂

作为构词词缀,"嫂"具有较强的构词能力,能和名词性的成分广泛结合,形成一种位置有限、语义确定的关系类型。第一个成分大多是单音节的名词,但也有双音节的,如送饭嫂。她们的背景大多数是失业者和再就业的。例如,几年前上海纺织行业失业的中年女性(35 岁及以上)大约有 5 万人,在半年时间内又刮起了再就业的"商嫂旋风",她们大部分就职于饭店、购物中心和公司。

新的词汇反映了大众的文化心理。"嫂"这个词本身并不是很恰当,因为"嫂子"不是普通的"哥哥的妻子",而是对已婚女性亲切礼貌友好的称呼,所以,"商嫂"这个带有文化背景类词缀的复合词很快获得了大众认可。"商嫂"这一类人已经积累了一定的生活经验,这些经验无疑能在工作中帮助她们,她们大多具有同理心、耐心和相互理解的能力。

在中文报纸杂志上我们可以看到这样的句子,例如,绿衣邮嫂上门来。这里指失去原有工作的中年女性从事上门取件工作,但不是通常的邮递员,因为在汉语中有"邮递员"这个职业。

类似"空嫂的"的还有"空中小姐"或"空姐"。

"空姐"和"空嫂"这种类型词的词义差别,主要取决于人的年龄。但是在某些情况下,当年龄差异无关紧要时,"空中小姐"可以替代"空嫂"。其他的情况也一样,完全不必要称呼"邮递员"为"邮嫂",而继续采用具有更普遍意义的表示概念类别的"邮递员"这个称呼。相应地,"乘嫂"比"乘务员"这个称呼使用的要少,"乘务员"本身包含了这样的意义:"乘务员,女乘务员;列车员,女列车员"。

类似"空中小姐"构成的新词如:

公关小姐

三、前缀的类型

1. 前缀"半"

这个前缀构成的词带有数量特征。

例如:

半工半农　半导体　半休假

半工半读　半成品

2. 前缀"小"

例如:

小先生　小字报

小皇帝　小公主

◆检测题

(1) 汉语中最常见的新词类型有哪些？
(2) 汉语新词有哪些构词后缀？
(3) 汉语新词有哪些类词缀？
(4) 汉语新词有哪些构词前缀？
(5) 请列举借助于后缀"性"构成的新词类型。
(6) 请列举借助于类词缀"星"构成的新词类型。
(7) 请列举借助于类词缀"热"构成的新词类型。

◆练习题

(1) 成分"派"有哪些意义？举几个"X+派"类型构成的汉语新词的例子。

(2) 把下列词翻译成汉语：

кинотелезвезда

оперная звезда

звезда балета

звезда экрана

звезда гимнастики

звезда светского общества, звёзда общения

новая звезда на спортивной арене

звезда футбола, известный футболист

звездные карты

полярная звезда

новая звезда экрана

звезда сферы обслуживания

звезда фигурного катания, звезда танцев на льду

(3) 把带有后缀"化"的词翻译成俄语：

自由化　风动化

咨询化　都市化

(4) 把"урбанизация"这个词翻译成汉语。
(5) 把下列词翻译成俄语：
音盲　法盲　商盲
(6) 把下列词翻译成俄语：
旅游热　体育热
集邮热　股票热
(7) 把下列词翻译成俄语：
新世界城　美食城
家居用品城　国际服饰城
儿童用品城　男士用品城
女士服饰城　名品百货城
针棉纺织城　名品运动城
家用电器城　不夜城

Словарь Лингвистических Терминов
语言学术语词典

Антонимы—слова, которые постоянно противопоставлены друг другу по значению, и эта противопоставленность воспринимается всеми носителями языка.

Аффикс—словообразовательная морфема, во многом утратившая свое корневое значение и играющая служебную роль при образовании производных слов или при образовании грамматических форм слов.

Полуаффикс—словообразовательные морфемы, отличающиеся от аффиксов меньшей степенью грамматикализации, делексикализации и фонетического обособления от исходных корневых морфем.

Аффиксация—присоединение аффиксов к знаменательным морфемам.

Аффиксированное словосложение—оформленное аффиксом словосложение.

Грамматикализация слова—утрата словом лексической самостоятельности и употребление его служебной функции.

Грамматическая характеристика компонентов сложения—отнесенность компонентов к определенной части речи.

Делексикализация слова—процесс превращения слова в аффикс.

Заимствование (иностранное)—полное или частичное использование лексических единиц других языков.

—гибридное заимствование—фонетическое заимствование в сочетании с исконным элементом.

—семантическое заимствование—передача значения иноязычного слова.

—фонетическое заимствование—передача звучания иноязычного элемента.

Исходный лексический инвентарь—совокупность базовых значимых единиц

—первичных лексем (ПЛ).

Ключ—графический элемент, указывающий на ту традиционно сложившуюся словную семантическую область, к которой относится значение слова, записываемого иероглифом.

Компонентное представление слова—набор семантических компонентов, которые необходимы и достаточны в идеале, для выведения значения слова.

Компонентный анализ—метод представления значения слова в виде набора семантических компонентов, минимального и достаточного для выведения значения слова.

Копулятивное сложение—сложение синтаксически и семантически равноправных первичных лексем, дающих 《в сумме》единое значение; результатом такого сложения является копулятивный лексический комплекс.

Лексика—словарный состав языка (вся совокупность слов и эквивалентов слов, входящих в знание языка).

Лексикология—учение о словарном запасе языка, наука о лексике.

——историческая лексикология—изучение лексики в процессе ее формированя и развития.

——описательная лексикология—исследование в конкретном языке системы одновременно существующих лексических единиц.

——общая лексикология—наука о лексике различных языков и общих закономерностях ее организации.

——сопоставительная лексикология—наука о сходствах и различиях в лексике двух или более языков, которые сравниваются.

Лексико-семантический (морфо-семантический) комплекс—это сложное образование, состоящее из двух или более лексем/морфем, связанных определенными семантическими реляциями.

Метафора—такой перенос наименования того или иного предмета или явления на другой предмет или явление, в основе которого лежит их сходство по форме, внешнему виду, положению.

Моносемия—однозначность, свойство слова иметь одно значение.

Первичная лексема（ПЛ）—минимальная единица, обладающая фонетическим и смысловым единством. Записывается, как правило, отдельным иероглифом. ПЛ составляют исходный лексический инвентарь языка. Китайцы называют такую единицу"语素".

Полисемия—многозначность, свойство слова иметь несколько узуальных значений.

——радиальная полисемия — система значений многозначного слова, при которой все значения мотивированны центральным, исходным.

——радиально цепочечная полисемия — система значений многозначного слова, в которой совмещаются радиальная и цепочечная полисемия.

——цепочечная полисемия — такой тип полисемии, при котором каждое новое значение мотивированно другим ближайшим к нему значением.

Реляция — см. семантическая реляция.

——реляция поглошения семантическое отношение при котором значение одного компонента как бы поглощает значение другого.

Семантическая реляция — между компонетами лексического комплекса смысловое (понятииное) между морфемами лексемами в их линейной последовательности.

Семантический компонент — компонент значения слова; семантический признак слова.

Семасиология — раздел языкознания, изучающий значения слов и выражений, развтитие этих значений, появление новых свойств и функций.

Семема — целостная система узуальных значений слова.

Синекдоха — особый вид переноса, т. е. смещения значения, при котором называя часть, имеют ввиду целое, или, называя целое, имеют ввиду его часть.

Синонимы — слова, которые называют одно и то же явление по-разному, выделяя в нем различные его стороны (или характеризуя его с разных точек зрения).

——абсолютные синонимы — слова, имеющие тождественные значения и одинаковую сочетаемость.

——квазисинонимы — синонимы, имеющие близкие значения и разную лексическую сочетаемость.

Синонимический ряд — ряд синонимов, объединенных по близости значения.

Словарная дефиниция — определение узуального значения слова в словарной статье.

Слово — звуковой комплекс, обладающий значением и употребляющийся в речи как некое самостоятельное целое.

Словообразование — создание новых слов.

Словообразовательная активность—способность ПЛ к объединению с другими ПЛ в лексические комплексы.

Словообразовательная антонимия—семантический механизм соединения антонимов в единый комплекс для выражения нового понятия.

Словообразовательная синонимия—соединение лексических синонимов в парные комплексы, в результате чего образуется сложное слово.

Словообразовательная структура—грамматическая характеристика компонентов производного слова, а также тип связи (семантической реляции) между ними.

Сложение—способ словообразования путем соединения значимых языковых единиц—первичных лексем в одно сложное слово (в один семантический комплекс).

——Типы сложения—определяются по типу связи (семантической реляции) между компонентами и по их грамматической характеристике

1—й тип ("А"), атрибутивный. Компоненты находятся в атрибутивных отношениях, первый компонент определяет второй.

2—й тип ("В"), копулятивный, равноправные отношения между компонентами

3—й тип ("С"), "глагольно—объектный"

4—й тип ("Д"), результативный.

5—й тип ("Е"), субъектно—предикативный, первая основа—именная, вторая—глагольная или качественная

——модели сложения

——полифункциональная модель-по которой образуются слова, относящиеся к разным частям речи (например, существительное, прилагательное, глагол).

ССС—сложносокращенные слова, сокращенная форма полных наименований.

——hecheng 合称 составные наименования

——jiancheng 简称 сокращенные наименования

Служебные элементы (противопоставлены знаменательным элементам). К ним относятся:

——аффиксы,

——счетные слова, классификаторы,

——послелоги места,

—показатель определния формант 的 de

—префикс порядковых числительных 第 di

Узуальное значение—отдельное значение многозначного слова, задающее определенный круг сочетаемости этого слова.

Фонетик—графический элемент указывающий на звучание слова, произношение.

Фонетическая характеристика слова—его звуковой состав (гласные и согласные звуки), его структура (инициаль, медиаль и финаль), силовое ударение и тон.

Формообразование—образование разных форм одного и того же слова.

Фразеологизм—готовые сочетания слов, которые хранятся в языковой памяти говорящих. К ним относятся:

—гуаньюнъюй—"привычное выражение"

—яньюй—"пословицы"

—суюй—"поговорки"

—сехоуюй—"усеченные речения", недоговорки—иносказания (вид китайских фразеологизмов)

—чэньюй "готовое (устойчивое) выражение"

Этимология—раздел языкознания, исследующий происхождение слов.

Литература
参考文献

Ⅰ. Словарь(词典)

1. Русско-китайские словари(俄汉词典)

А. Изданные в России(俄罗斯出版的词典)

［1］ Русско-китайский тематический словарь справочник. Составитель Коочергин И. В. М. ，Изд. Дом Муравей,1997.

［2］ Русско-китайский и китайско-русский словарь. 俄汉汉俄词典 М. ，изд. Русский язык,Пекин. изд. Шанъу иньшугуань,1999.

［3］ Прядохин М. Г,Прядохина Л. И. Словарь трудностей китайского языка. М. ，Изд. Дом Муравей,1999.

Б. Изданные в Китае(中国出版的词典)

［1］ 黑龙江大学俄语系词典编辑室. 大俄汉词典 Большой русско-китайский словарь[M]. 北京:商务印书馆,1985.

［2］ 刘泽荣. 俄汉大词典 Большой русско-китайский словарь[M]. 北京:商务印书馆,1963.

［3］ 黑龙江大学辞书研究所. 俄汉详解大词典 Большой русско-китайский толковый словарь[M]. 哈尔滨:黑龙江人民出版社,1998.

［4］ 黑龙江大学辞书研究所. 便携俄汉大词典 Компактный большой русско-китайский словарь[M]. 北京:商务印书馆,1989.

［5］ 沈凤威,黄长霈,李一凡,南致善. 简明俄汉词典 Краткий русско-китайский словарь[M]. 北京:商务印书馆,1965.

［6］ 吴克礼,竺一鸣. 精选俄汉汉俄词典 Краткий русско-китайский и китайско-русский словарь[M]. 北京:商务印书馆,1986.

［7］ 李德发等. 俄汉双解小词典 Краткий словарь русского языка с толкованием на русском и китайском языках[M]. 北京:外语教学与研究出版社,1985.

［8］ 辽宁大学外语系《新俄汉词典》编委会编. 新俄汉词典 Новый русско-китайский словарь[M].沈阳:辽宁人民出版社,1984.

[9] 张宝梁等.俄汉新词新义[M].北京:商务印书馆,1984.

2. Китайско-русские словари(汉俄词典)

А. Изданные в России(俄罗斯出版的词典)

[1] Араушкин Н. С, Надточенко Б. Я. Карманный китайско-русский словарь. М.,Изд. Русский язык.,1975.

[2] Большой китайско-русский словарь в 4-х томах (составлен коллективом китаистов под руководством и редакцией проф. И. М. Ошанина)М.,Изд. Наука,1983-1984.

[3] Котов А. В Китайско-русский словарь-минимум, М., Изд. Русский язык.,1974.

[4] Под ред. Б. Г. Мудрова. Китайско-русский словарь. М.,Изд. Русский язык.,1980.

Б. Изданные в китае(中国出版的词典)

[1] 上海外国语学院《袖珍汉俄词典》编写组.袖珍汉俄词典 Карманный китайско-русский словарь[M].上海:上海外语教育出版社,1993.

[2] 上海外国语学院《汉俄词典》编写组.汉俄小词典 Китайско русский словарь-минимум[M].北京:商务印书馆,1980.

[3] 夏仲毅.汉俄词典(修订本)Китайско-русский словарь(исправ. издание)[M].北京:商务印书馆,1989.

[4] 南京大学外文系编.汉俄分类词汇手册[M].北京:商务印书馆,1979.

[5] 石仁编.西索简明汉俄词典 SISU Краткий китайско-русский словарь[M].上海:上海外语教育出版社,1992.

[6] 北京外国语学院俄语系《新编汉俄词汇分类手册》编写组.新编汉俄分类词汇手册 Новый китайско-русский тематический справочник[M].北京:外语教学与研究出版社,1988.

[7] 蔡毅等.汉俄成语小词典[M].上海:上海译文出版社,1980.

3. Англо-китайский словари(英汉词典)

[1] 吴景荣等编.精选英汉汉英词典 Concise English-Chinese Chinese-English Dictionary[M].北京:商务印书馆,1993.

4. Китайско-китайские словари(汉语词典)

[1] 温端政主编.汉语常用语词典[M].上海:上海辞书出版社,1996.

[2] 中国社会科学院语言研究所编. 新华字典[M]. 北京：商务印书馆，1998.

[3] 中国文字改革委员会词汇小组编. 汉语拼音词汇（初稿）[M]. 北京：文字改革出版社，1958.

[4] 中国文字改革委员会词汇小组编. 汉语拼音词汇（增订稿）[M]. 北京：文字改革出版社，1963.

[5] 林连通，陈炳昭. 文章病例评改全集[M]. 长沙：湖南人民出版社，1999.

[6] 刘涌泉. 多语对照语言学词汇[M]. 北京：北京语言学院出版社，1988.

[7] 文字改革出版社编. 绘图注音小字典[M]. 北京：文字改革出版社，1959.

[8] 李国炎，莫衡，单耀海，吴崇康. 新编汉语词典[M]. 长沙：湖南人民出版社，1988.

[9] 中国社会科学院语言研究所词典编辑室. 现代汉语词典补编[M]. 北京：商务印书馆，1989.

[10] 中国社会科学院语言研究所词典编辑室. 现代汉语词典[M]. 北京：商务印书馆，1996.

[11] 曹剑尘，丁慰堂编著. 常用词语三用词典[M]. 上海：少年儿童出版社，1981.

[12] 彭伯初，罗家骃，黄慧碧编. 小学语文彩色绘图词典[M]. 成都：四川辞书出版社，1984.

[13] 章银泉编著. 色彩描写词典[M]. 银川：宁夏人民出版社，1988.

[14] 《中国语言学大辞典》编委会. 中国语言学大辞典[M]. 南昌：江西教育出版社，1991.

5. Специальные словари（по разделам лексики）（专业词典）

A. Словари синонимов（同义词词典）

[1] 李文健，刘光裕，郭先珍，曾令衡编. 常用同义词辨析[M]. 长沙：湖南教育出版社，1982.

[2] 刘叔新主编. 现代汉语同义词词典[M]. 天津：天津人民出版社，1987.

[3] 梅家驹，竺一鸣，高蕴琦，殷鸿翔. 同义词词林[M]. 上海：上海辞书出版社，1983.

[4] 徐安崇，赵大鹏主编：同义词辨析词典[M]. 北京：语文出版社，1997.

[5] 张志毅编著. 简明同义词词典[M]. 上海：上海辞书出版社，1981.

[6] 游智仁，陈俊谋，左连生，唐秀丽编著. 现代汉语同义词辨析[M]. 银川：宁夏人民出版社，1986.

Б. Словари антонимов(反义词词典)

[1] 凌冰、蒋芸等编.常用反义词典[M].北京:北京师范学院出版社,1987.

В. Словари синонимов и антонимов(同义词和反义词词典)

[1] 陈炳昭,林连通,张仪卿主编.近义词反义词详解词[M].长沙:湖南教育出版社,1996.

Г. Словари глаголов(动词词典)

[1] 鲁川主编.动词大词典[M].北京:中国物资出版社,1994.

Д. Словари омонимов(同音异义词词典)

[1] 浙江省教育厅编.常用同音字典[M].杭州:浙江人民出版,1983.
[2] 朱盛科编.常用同音异义词[M].成都:四川人民出版社,1985.

Е. Словари иностранных заимствований на китайском языке(汉语外来词词典)

[1] 刘正埮,高名凯,麦永乾,史有为.汉语外来词词典[M].上海:上海辞书出版社,1984.
[2] 岑麟祥.汉语外来语词典[M].北京:商务印书馆,1990.

Ж. Словари сложносокращенных слов(缩略语词典)

[1] 王均熙.现代汉语缩略语词典[M].上海:文汇出版社,1998.
[2] 李熙宗,孙莲芬.略语手册[M].上海:知识出版社,1986.
[3] 刘正勋主编.中国现代缩略语词典[M].北京:长虹出版公司,1989.
[4] 闵龙华,陈仁俊编著.汉语简略语词典[M].桂林:广西师范大学出版社,1988.
[5] 钟嘉陵编著.现代汉语缩略语词典[M].济南:齐鲁书社,1986.
[6] 施宝义,徐彦文编.汉语缩略语词典[M].北京:外语教学与研究出版社,1990.
[7] 于根元审定,刘一玲主编.当代汉语简缩语词典[M].成都:四川人民出版社,1998.

З. Словари фразеологизмов(成语词典)

[1] 王理嘉,侯学超编著.分类成语词典[M].广州:广东人民出版社,1985.
[2] 汉语成语小词典[M].北京:商务印书馆,1998.

И. Словари гонконгской и тайваньской лексики(香港和台湾词汇词典)

[1] 邱质朴.大陆和台湾词语差别词典[M].南京:南京大学出版社,1990.
[2] 常宝儒,程女范,刘湧泉.海峡两岸词语对释[M].北京:中国标准出版社,1992.
[3] 朱广祁.当代港台用语辞典[M].上海:上海辞书出版社,1997.

К. Словари новой лексики（新词词典）

[1]　王德春主编.新惯用语词典[M].上海：上海辞书出版社,1996.

[2]　王均熙编著.简明汉语新词词典[M].上海：上海世界图书出版公司,1997.

[3]　王钧熙编著.汉语新词词典[M].上海：汉语大词典出版社,1993.

[4]　李达仁,李振杰,刘士勤.汉语新词语词典[M].北京：商务印书馆,1993.

[5]　李行健,曹聪孙,云景魁主编.新词新语词典[M].北京：语文出版社,1989.

[6]　李行健,曹聪孙,云景魁主编.新词新语词典(增订本)[M].北京：语文出版社,1993.

[7]　刘一玲主编.1993汉语新词语[M].北京：北京语言学院出版社,1994.

[8]　马国泉,张品兴,高聚成.新时期新名词大辞典[M].北京：中国广播电视出版社,1992.

[9]　闵家骥,韩敬体,李志江,刘向军.汉语新词新义词典[M].北京：中国社会科学出版社,1991.

[10]　闵家骥,刘庆隆,韩敬体,晁继周.汉语新词词典[M].上海：上海辞书出版社,1987.

[11]　韩明安.汉语新语词词典[M].济南：山东教育出版社,1988.

[12]　韩明安.新词语大词典[M].哈尔滨：黑龙江人民出版社,1991.

[13]　沈孟璎.新词新语新义[M].福州：福建教育出版社,1987.

[14]　周洪波主编.精选汉语新词语词典[M].成都：四川人民出版社,1997.

[15]　于根元主编.现代汉语新词词典[M].北京：北京语言学院出版社,1994.

[16]　于根元主编.1991汉语新词语[M].北京：北京语言学院出版社,1992.

[17]　于根元主编.1992汉语新词语[M].北京：北京语言学院出版社,1993.

[18]　欧阳因编.中国流行新词语 Longman Dictionary of Chinese popular new terms[M].北京：中国人民大学出版社,2000.

Ⅱ. Книги и статьи（书和文章）

А. на русском языке（俄语）

[1]　Алпатов В. М. История лингвистических учений. Учебное пособие. М., "Языки русской культуры",1998.

[2]　Алпатов В. М. О соотношении исконных и заимствованных элементов в системе японского языка, ж. "Вопросы языкознания",1976, №6, с. 87-95.

[3]　Баранов И. Г. Верования и обычаи китайцев. Сост. Тертицкий К. М. М., Изд. "Дом Муравей",1999.

［4］ Буров В. Г., Семенас А. Л. Общение с китайскими партнерами. Ведение переговоров. Междисциплинарный подход. Москва, Университетский гуманитарный лицей, 1998.

［5］ Горелов В. И. Лексикология китайского языка, М., изд. "Просвещение", 1984.

［6］ Городецкий Б. Ю. К проблеме семантической типологии. М., изд. "МГУ", 1969.

［7］ Дашевская Г. А., Кондрашевский А. Ф. Китайский язык для делового общения. М., Изд. "Дом Муравей".

［8］ Земская Е. А. Словообразование как деятельность, М., Наука, 1992.

［9］ Кленин И. Д., Щичко В. Ф. Лексикология и фразеология китайского языка (курс лекций). М., изд. "Военного института", 1978.

［10］ Кондрашевский А. Ф., Румянцева М. В., Фролова М. Г. Практический курс китайского языка (с лингафонным курсом) В 2-х томах. Третье издание. М., Изд. "Дом Муравей", 1998.

［11］ Кондашевский А. Ф. Пособие по иероглифике к учебнику «Практический курс китайского языка»в двух частях, Изд. "Дом Муравей", 1998.

［12］ Коротков Н. Н. Основные особенности морфологического строя китайского языка, М., Наука, 1968.

［13］ Костомаров В. Г. "Языковой вкус эпохи: Из наблюдений над речевой практикой масс-медиа". СПб Златоуст, изд. третье, исправ. и допол. , 1999.

［14］ Кочерчин И. В. Москва-Санкт-Петербург: история и современность(пособие для изучающих китайский язык). М., Изд. "Дом Муравей", 1999.

［15］ Кочергин И. В. Страноведение Китая. Учебная христоматия. М., Изд. "Дом Муравей", 1999.

［16］ Кубрякова Е. С. Что такое словообрование, М., Наука, 1965.

［17］ «Мир китайского языка». Ежеквартальный альманах. Ответственный редактор Кочергин И. В., Изд. "Дом Муравей", 1998-2000.

［18］ Семенас А. Л. Лексическая и словообразовательная антонимия в китайском языке-Исследования по восточным языкам. М., Наука, 1973, с. 192-201.

［19］ Семенас А. Л. Лексикология современного китайского языка. М., Наука, 1992.

[20] Семенас А. Л. Особенности лексических заимствований в китайском языке. 《Вопросы языкознания》,1997,1. с. 48-57.

[21] Семенас А. Л. Заметки о новейшем китайском словообразовании в сопоставлении с русским. Сборник "Лики языка". К 45-летию научной деятельности Е. А. Земской. Изд. Наследие,1998,с. 339-347.

[22] Семенас А. Л. Языковая ситуация в Китае,ж. "Восток",1999,2. с. 80-91.

[23] Слесарева И. П. Проблемы описания и преподавания русской лексики. М. ,Русский язык,1990.

[24] Софронов М. В. Китайский язык и китайское общество. М. ,Наука,1979.

[25] Софронов М. В. Введение в китайский язык. М. ,Изд. "дом Муравей",1996.

[26] Ткаченко Г. А. Культура Китая. Словарь-справочник. Изд. "Дом Муравей",1999.

[27] Фролова О. П. Словообразование в терминологической лексике современного китайского языка. -Новосибирск. Наука,1981.

[28] Щичко В. Ф. Перевод с китайского языка. Начальный курс. М. ,Изд. "Дом Муравей",1998.

Б. на китайском языке(汉语)

[1] 王德春. 词汇学研究[M]. 济南:山东教育出版社,1983.

[2] 王希杰. 动物文化小品集[M]. 武汉:湖北教育出版社,1998.

[3] 王希杰. 这就是汉语[M]. 北京:北京语言学院出版社,1992.

[4] 高名凯,刘正埮. 现代汉语外来词研究[M]. 北京:文字改革出版社,1958.

[5] 葛本仪. 汉语词汇研究[M]. 济南:山东教育出版社,1985.

[6] 丁忱,童勉之,张连柯编. 趣味字词故事[M]. 湖北教育出版社,1985.

[7] 任学良. 汉语造词法[M]. 北京:中国社会科学出版社,1981.

[8] 赖明德. 中国文字与中国文化[J]. 华文世界,1994,74.

[9] 李赓钧,关滢,江天,孙宝镛. 词汇趣谈[M]. 上海:少年儿童出版社,1985,2.

[10] 李南衡. 外来语[M]. 台北:联经出版社,1989.

[11] 李鍌等编著. 中国文化概论[M]. 台北:三民书局,1972.

[12] 林祥楣主编. "练习"与"习题"答案提示[M]. 北京:语文出版社,1992.

[13] 林裕文. 词汇、语法、修辞[M]. 上海:上海教育出版社,1985.

[14] 罗世洪. 现代汉语词汇[M]. 兰州:甘肃人民出版社,1984.

[15] 刘叔新.汉语描写词汇学[M].北京:商务印书馆,1990.

[16] 刘叔新.语义学和词汇学问题新探[M].天津:天津人民出版社,1993.

[17] 马国凡,高歌东.惯用语[Z].呼和浩特:内蒙古人民出版社,1982.

[18] 辞书研究编辑部编.词典和词典编纂的学问[M].上海:上海辞书出版社,1985.

[19] 潘文国,叶步青,韩洋.汉语的构词法研究[M].台北:学生书局,1993.

[20] 台湾汉语新词汇特点(第四届世界华语文教学研讨会论文集)[C].台北,1994.

[21] 王希杰主编.台湾汉语新词汇特点(汉语修辞和汉文化论集)[C].南京:河海大学出版社,1996:286-293.

[22] 谢米纳斯(Семенас).台湾地区新词语构成例说[J].中国语文,1997,3:234-235.

[23] 谢米纳斯(Семенас).汉语词汇学教学初探[J].语言教学与研究,1998,1:49-55.

[24] 谢米纳斯(Семенас).汉语词汇基本单位[J].华文世界,1998,88:39-49.

[25] 许斐绚.解读当下青少年流行语[J].华文世界,1998,88:6-16.

[26] 许高渝.俄汉语词汇对比研究[M].杭州:杭州大学出版社,1997.

[27] 徐青.词汇漫谈[M].杭州:浙江人民出版社,1983.

[28] 孙良明.词义和释义[M].武汉:湖北教育出版社,1985.

[29] 汤廷池.汉语词法句法续集[M].台北:学生书局,1989.

[30] 汤廷池.续谈汉语的"字"、"词"、"语"与"语素"[J].华文世界 1992:64-66.

[31] 田小琳.语文和语文教学[M].济南:山东教育出版社,1993.

[32] 伍铁平.社会语言学的几个问题"语言·社会·文化"[M].北京:语文出版社,1991.

[33] 武占坤.词汇[M].上海:上海教育出版社,1983.

[34] 武占坤,王勤.现代汉语词汇概要[M].呼和浩特:内蒙古人民出版社,1983.

[35] 符淮青.词的释义[M].北京:北京出版社,1986.

[36] 符淮青.词义的分析和描写[M].北京:语文出版社,1996.

[37] 韩熔.现代汉语词汇[M].长春:吉林师范大学出版社,1963.

[38] 韩敬体.语文应用漫话(从"山上有匪"说起——学习普通话漫谈)[M].北京:商务印书馆国际有限公司,1994.

[39] 华文世界(The World of Chinese Language)[J].1974-1999.

[40] 何三本,刘玲玲.现代语义学[M].台北:三民书局,1985.

[41] 曹铭宗.台湾国语[M].台北:联经出版社,1993.

[42] 贾彦德.汉语语义学[M].北京:北京大学出版社,1992.

[43] 词库建设通讯[J].香港,1993-1999.

[44] 张志毅,张庆云.词和词典[M].北京:中国广播电视出版社,1994.

[45] 张世禄.普通话词汇[M].上海:上海教育出版社,1985.

[46] 张永言.词汇学简论[M].武汉:华中工学院出版社,1982.

[47] 周荐.词语的意义和结构[M].天津:天津古籍出版社,1994.

[48] 周荐著,刘叔新审定.汉语词汇研究史纲[M].北京:语文出版社,1995.

[49] 竺家宁.词义场与古汉语词汇研究(林尹教授逝世10周年学术论文集)[C].台北:文史哲出版社,1993:308-312.

[50] 竺家宁.论词汇学体系的建立(陈伯元先生六秩寿庆论文集)[C].台北:文史哲出版社,1994.

[51] 史式.汉语成语研究[M].成都:四川人民出版社,1979.

[52] 史有为.异文化的使者——外来词[M].长春:吉林教育出版社,1991.

[53] 语文建设通讯[J].香港,1980-1999.

[54] 于根元.二十世纪的中国语言应用研究[M].太原:书海出版社,1996.

[55] 于根元,王希杰.语言学——在您身边[M].杭州:浙江教育出版社,1986.

[56] 杨振兰.现代汉语词彩学[M].济南:山东大学出版社,1996.

[57] 姚荣松.台湾现行外来语的问题[J].师大国文学报,1992,37:329-362.

[58] 姚荣松.海峡两岸新词语的比较分析[J].师大国文学报 1992,21:235-258.

[59] 姚荣松.台湾新词新语1997-1998引论[J].华文世界,1998:1-5.

[60] 姚汉铭.新词语·社会·文化[M].上海:上海辞书出版社,1998.

后记

本译著历时五载，修修改改，几经波折最终完成。选定俄罗斯汉学家谢苗纳斯著《汉语词汇教程》一书翻译，实属初生牛犊不怕虎，逞一时之勇，自不量力。但着手翻译，便无法自拔，诚惶诚恐，如履薄冰，唯恐有辱师门。非俄语专业出身，尝试着翻译语言类著作，其翻译难度可想而知。冥思苦想，每夜不能寐，食不甘味，几经搁置，几番重启。最终在恩师、同窗、学友的鼓励与帮助之下得以顺利完成并付梓出版。

在此感谢恩师黄树先，黄老师审阅译稿后，提出诸多意见，受益良多。感谢老师在百忙之中为本书作序。

此书得以顺利出版，要特别感谢乌克兰学生瓦季姆、俄罗斯学生雅拉斯拉夫的帮助。原著者已离世多年，两位学生多方联系，才有幸联络上著者先生布罗夫教授，几经周折最终获得著作授权书，使得本书得以如期出版。

此译著初稿完成后两年未动，2018年又修改两稿，总感觉不尽如人意，甚至准备弃之。后交由师长、学友审阅，均表示有出版的必要和价值。几番思量，邀同窗付丽并肩重新翻译校订，以弥补书中缺漏。吾同窗故友，做事严谨，细心而有条理；兴趣广泛，涉猎甚广。毕业后各奔东西，学习繁忙，工作家庭，以致毕业十五载方始再见。嗣后相谈甚欢，不时微信联系，互享学术之信息。2021年吾二人通过腾讯会议同步开始校对工作，逐字逐句，边校对，边商讨。得益于今网络便捷，两人虽身处异地，但得空既上网络，互商互量，有序进行。八月中旬，全部书稿共十六章校对完毕。翻译往事历历在目，为寻最佳之表述冥思苦想，彼此也曾边校边信誓旦旦，今后绝不涉猎翻译之事，其翻译之苦，不足与外人道。吾二人非俄语专业出身，单凭一时之勇，颇感骑虎难下。相互勉励，认真查阅文献、细致审慎，硬是把整本书翻译校对完成，尽最大努力展现著作原貌。限于二人水平能力所限，必定有诸多不当之处，还请同行专家海涵。

最后，感谢江苏大学文学院的领导和同事，时常敦促我，让我羞于惰性；感谢学生瓦季姆和雅拉斯拉夫帮我联系授权出版合约一事；感谢师妹学娥及其朋友在签订合约事宜方面提供的帮助和支持；更要感谢编辑张毅老师，没有张毅老师的督促，恐怕此译著不得出版。答谢者众，只言片语难于一一尽述。是为记。

王丽媛壬寅年秋末于镇江